¿Seguiremos trabajando?

Educación tecnológica o convulsión social

ADRIAN GUSTAVO CHOREN

Colaborador: Eduardo Gallardo

¿Seguiremos trabajando?

Educación tecnológica o convulsión social

EDITORIAL DUNKEN
Buenos Aires
2026

Choren, Adrian Gustavo
¿Seguiremos trabajando? Educación tecnológica o convulsión social / Adrian Gustavo Choren; Contribuciones de Eduardo Rodolfo Gallardo.
1a ed. - Ciudad Autónoma de Buenos Aires: Dunken, 2026.
104 p ; 16 x 23 cm.

ISBN 978-987-85-5184-5

1. Ensayo Sociológico. 2. Sociología. 3. Ciencias Sociales y Humanidades. I. Gallardo, Eduardo Rodolfo, colab. II. Título.
CDD A864

Contenido y corrección a cargo del autor.

Ayacucho 357 (C1025AAG) - Capital Federal
Tel/fax: 4954-7700 / 4954-7300
E-mail: *info@dunken.com.ar*
Página web: *www.dunken.com.ar*

Hecho el depósito que prevé la ley 11.723

e-mail: polotpo9@hotmail.com
ISBN 978-987-85-5184-5

Agradecimientos

A mis hijos Ana y Angel que son la luz de mi vida, a mi mujer Rocio Fresedo.

A mi mamá Elena, hermanas Analia y Rosalia, mis cuñados que me ayudaron a seguir.

A mi suegro Oscar Fresedo por todo su cariño que nos mira desde el cielo.

A Adrian Kulczycki, Eduardo Gallardo, Juan Vulgaris, Rocio Pujol, Mario Medina, Javier Armesto, Laura Gelabert y Patricia Marino por todo la ayuda en mi desarrollo profesional.

ÍNDICE

Prólogo 11

Introducción 15

1. IA Inteligencia Artificial 17

2. El trabajo en las plataformas digitales 29

3. El envejecimiento poblacional y la brecha laboral digital 39

4. La economía circular y los empleos verdes como contra-respuesta cultural sostenible a la obsolescencia programada 51

5. El respeto de los derechos humanos en las empresas multinacionales y en toda la cadena de suministro (debida diligencia asegurada por tecnología) 61

6. Ciberpunk, la informalidad y precarización laboral mundial de los "nuevos" empleos automatizados 67

7. El rol de los sindicatos y la negociación colectiva de trabajo en un entorno complejo 77

8. La salud mental en la nueva era de la dependencia tecnológica 87

9. Conclusiones de la llegada de la Revolución 5.0, desde el fuego del Homo Sapiens a la llegada del hombre tecno-social 93

Bibliografía 97

PRÓLOGO

Nos encontramos en una sociedad cuyos retos han variado profundamente respecto a un pasado muy reciente. Entre los aspectos más preocupantes cabe mencionar aquellos vinculados al impacto ambiental negativo de las actividades humanas basadas en consumir y tirar así como el uso desmedido de combustibles fósiles. Se está poniendo en riesgo la vida en este planeta que preanuncia el fin de la era industrial tal como la conocemos, basada en la extracción, con una fuerte presión sobre los recursos disponibles tal como si fueran inagotables.

Sin embargo desde un punto de vista positivo y como contrapartida, se encuentra en crecimiento una conciencia colectiva vinculada a la sostenibilidad habiendo surgido caminos posibles tal como lo son los conceptos basados en una economía circular regenerativa y en una sociedad más justa.

En materia de desarrollo tecnológico estamos asistiendo a vertiginosos cambios vinculados a la era digital los que nos han llevado a una sociedad cada vez más interconectada y productiva, sin embargo, los mismos, conllevan a profundas modificaciones de valores y del vínculo entre las personas. Son un enigma aún como impactarán en el futuro de la humanidad, si podrán mejorar la calidad de vida de manera igualitaria o se profundizarán las desigualdades con más pobreza. El pionero de la IA y premio Nobel de física 2024, por sus contribuciones sobre el aprendizaje automático mediante redes neuronales artificiales, advirtió sobre el posible reemplazo de la humanidad por sistemas superinteligentes, criticó y señalo como un gran riesgo para la humanidad que las grandes compañías controlen el desarrollo de la IA sin consensos globales. Dejar esta poderosa herramienta solo bajo intereses comerciales es altamente preocupante.

Es en este contexto, toma un rol relevante cual será el futuro de las relaciones laborales respecto al impacto de las nuevas tecnologías las que están identificadas de manera genérica como la cuarta revolución industrial o industria 4.0. La OIT señala que es clave democratizar en acceso a la sociedad digital y muy particularmente el reto es eliminar las diferencias de género. Se corren serios riesgos que las nuevas herramientas incrementen la precariedad y contribuyan al malestar social.

Adrián Choren aborda en este libro los aspectos fundamentales de la nueva sociedad desde una perspectiva humanista y analiza cómo impacta la era digital en las personas: el envejecimiento en un mundo con tasa de crecimiento vegetativo negativo, que pasará con la seguridad social, el veloz crecimiento del trabajo en plataformas con la desprotección del trabajador pero con la promoción del camino emprendedor como panacea, el crecimiento del juego en plataformas que pone en riesgo la estabilidad emocional de las personas a partir de su desmedido endeudamiento, el trabajo decente y sustentable, la importancia de fortalecer la sindicalización cuando se están produciendo cambios en la naturaleza del trabajo con trabajadores cada vez más desprotegidos, en la misma línea se describen las características de la *debida diligencia* promovida por la OIT.

De igual manera incluyen reflexiones sobre la sostenibilidad, la economía circular en la educación y destaca la necesidad de una respuesta comunitaria "la aldea común" como alternativa sanadora del planeta.

Todos estos temas se analizan de manera novedosa: al inicio de cada capítulo el autor incluye una historia que invita a la reflexión respecto al contenido desarrollado en cada uno de los mismos, así como, preguntas finales que invitan a la participación y particularmente están dirigidas hacia el alumnado como aporte didáctico que propicia el debate en el curso.

Desde el punto de vista personal, no quiero dejar de mencionar, que he trabajado con Adrián desde hace muchos años en actividades de asistencia tecnológica hacia el sector textil desde el Instituto Nacional de Tecnología Industrial (INTI) – Centro Textil.

El sector textil-confecciones en nuestro país es el segundo empleador de mano de obra industrial manufacturera por lo tanto adquiere relevancia ya que ocupa un importante caudal de mano de obra, que en el caso de la confección presenta un alto grado de informalidad laboral.

Adrián, desde su formación como abogado, ha trabajado incansablemente en temas vinculados al respeto laboral y al trabajo digno del sector a partir de las actividades del Programa Compromiso Social Compartido que se lleva adelante desde el Centro Textil del INTI.

En su carrera profesional también ha incluido la docencia como vocación en distintos niveles académicos la que enriquece de manera permanente.

Desde su desempeño en la esfera sindical del INTI ha desarrollado una actitud comprometida con sus compañeros y en muchos casos no ha escatimado riesgos personales.

Por lo tanto los temas que aborda en este libro no son un ejercicio teórico sino producto de su experiencia personal, es por ello que celebro que las haya plasmado y compartido en esta publicación en pos de una superación colectiva.

ING. PATRICIA MARINO
Profesional consulto INTI
Ex Directora del Centro INTI-Textiles
Docente universitaria

INTRODUCCIÓN

En un mundo cada vez más globalizado y atravesado por la cuarta revolución industrial, que nos trae un camino incierto con biotecnología, Internet de las cosas (IoT), realidad aumentada y profundas transformaciones sociales, necesitamos un diálogo sincero, intergeneracional, interdisciplinario y con diversidad de actores que nos permita, ante estos cambios vertiginosos, los mismos afecten positivamente a nuestros alumnos, futuros trabajadores y sus familias. Hemos elegido 9 temas en un horizonte inmenso para focalizar y hacer el recorte de los debates dentro de un marco racional que nos permita abrir otros cauces de reflexión y búsqueda de soluciones para los trabajos cada vez más fragmentados y tecno-conquistados.

Según investigaciones recientes, un dato que nos hace reflexionar, seis de cada diez argentinos creen que las próximas generaciones trabajarán en empleos que aún no existen. Esta publicación quiere ser, con cada historia contada, un aporte sustancial en ese universo futuro, armando una prospectiva de estudio y análisis de las problemáticas actuales y cómo las labores del mañana pueden colaborar para afrontar las crisis actuales (ambientales, de salud global, desigualdad social y educativa, entre otras).

La revolución tecnológica, desde relatos cortos, es el eje transversal de cada capítulo como hilo conductor que une a estas temáticas. La misma es una herramienta transformadora de los cambios de valores, principios y, sobre todo, actitudes que nos posibilita nuestra vida cotidiana. El desafío es poder encarar estos conceptos que se imponen mundialmente, como la Inteligencia Artificial (IA), el trabajo en las plataformas digitales a través de las Apps, el envejecimiento de la población y la brecha laboral digital, la economía circular y los empleos verdes como contracara de la obsolescencia programada, el respeto de los derechos humanos en las empresas y toda la cadena de suministro, la precarización laboral mundial en los nuevos empleos, el rol de los sindicatos y la negociación colectiva en un entorno complejo de robotización y fragmentación, y la salud mental en la era de la tecno-dependencia.

La educación tecnológica es una materia y herramienta fundamental, una verdadera llave para el futuro, sí se enseña con espíritu crítico, relacionada al empleo y pensando en la potencialidad que tenemos como sociedad si articulamos con el desarrollo científico.

En este esquema de consumo irracional que vivimos, necesitamos un tiempo de reflexión para encarar las próximas décadas lo más preparados posible, centrando esta nueva revolución en el ser humano, para poder aprovechar esos cambios de vientos a favor nuestro. El estado de las cosas lo construimos diariamente, ¡un día a la vez!, y la buena praxis se da desde la búsqueda del bien común. ¡Vamos por ese camino ya que nadie se salva solo…!

1. IA INTELIGENCIA ARTIFICIAL

Explórate y mejora, tú puedes...

En el año 2261, la empresa "Explórate y mejora, tu puedes" era líder del mercado gracias a sus programadores visionarios en desarrollos de inteligencia artificial llamados bots de chats para interaccionar con usuarios sobre aspectos de couching[1]*, problemas de ansiedad y de estrés (la "pandemia" más grande y global de la* época*). Su bot más demandado en el mercado, "Psico-ya 2030", era reconocido por su capacidad de dar buenas intervenciones para guiar a los usuarios de manera eficaz en su problemática.*

Según las estadísticas promedio bianuales que realizaba la empresa, esta herramienta era utilizada y preferida por el 85% de los usuarios sobre las otras que brindaba la misma. Los comentarios positivos en las redes sociales alimentaban el prestigio de la compañía consolidando su posición como referente triunfante en el sector.

Un día, un virus informático muy peligroso, conocido como "LIMPIADOR", se infiltró en los servidores de "Explórate y mejora, tu puedes". El virus era capaz de suprimir y destruir todos los sistemas de datos digitales de la firma, incluyendo los algoritmos de Psico-ya 2030 y todas las investigaciones realizada durante los últimos *años de trabajo. La empresa estaba al borde del colapso y el quiebre...*

En la firma había una persona que no confiaba solo en la tecnología. Doña Carmen de Catanzaro, la administradora, de mayor edad y más antigua de la empresa, había insistido durante años en mantener copias de seguridad de los datos más importantes en papel en un viejo

[1] Couching: Proceso de acompañamiento personal, guía o asesoramiento.

archivador en una bóveda segura y oscura. Nadie había tomado en serio esa "anticuada" práctica... hasta que llegó el virus. Eduardo, el gerente de la empresa, un tecnócrata obsesivo por la tecnología empedernido en nuevos desarrollos, no estaba de acuerdo con Carmen pero decidió dejarla hacer ya que la empleada era muy obstinada en su forma de pensar.

Cuando el virus borró todo, la empleada fue la salvación de la firma. Sacó los papeles amarillos, húmedos y con olor de la bóveda, con todos los datos fundamentales de la unidad productiva, incluyendo los diagramas de flujo para reconstruir a Psico-ya 2030. Los trabajadores de la compañía se movilizaron con fuerza y compromiso para transcribir en tiempo record esos datos de papel a los algoritmos originales nuevamente. Habían servido tantos diálogos en la oficina entre mate y mate con pan hecho de maíz de que si las maquinas reemplazarían al hombre como la digitalización al papel y siempre Carmen se plantaba delante de sus compañeros con prudencia manifestaba que la creatividad y sentido común era difícil de sustituir...

*Gracias a ella y sus "viejos" métodos, la Sociedad Anónima pudo renacer de sus cenizas y retomar sus operaciones comerciales. Los empleados celebraron, y la empresa instauró el "**Día que lo antiguo funciona**" como un recordatorio de la importancia de lo tangible versus lo virtual y la prudencia frente a la era digital. La cultura organizacional había sufrido una metamorfosis profunda para siempre valorando ahora las raíces de su creación, el papel y la tinta, sin por ello menospreciar la tecnología como herramienta...*

El maíz y la Inteligencia Artificial

Hay conversaciones que en el momento que uno las tiene les da poca importancia, pero con el pasar de los años, vaya uno a saber por qué, algunos lo llaman memoria a largo plazo, siguen merodeando en la mente.

De pequeño, pasaba los casi tres meses de vacaciones de verano en un campo en la hermosa pampa húmeda de nuestro país. Ahí compartía largas y placenteras conversaciones con mi entrañable abuela. Era un tiempo y lugar donde no había luz eléctrica, no teníamos televisor y aún no había sido inventada la telefonía celular ni se conocía internet. El tiempo me parecía que transcurría a una velocidad lenta y a veces pausada. Entre la infinidad de conversaciones que compartíamos durante el día y la noche, hay una que recuerdo me quedó resonando muchas veces en mi cabeza, quizás por lo anecdótico y simpático del tema, sin darle en aquel momento ninguna trascendencia. Sin embargo, quedo de forma indeleble marcada en mi mente. A mí me gustaba escuchar y aprender mucho de su infancia en Chivilcoy, provincia de Buenos Aires, lugar donde no solo nació, sino que vivió por muy largos años. Gran parte de su vida en aquella localidad bonaerense la transcurrió en el campo, con largas y muy duras jornadas de trabajo agrarias. Recordemos que hace 70 o 80 años atrás, ciertas tareas en los campos se llevaban a cabo de forma muy rudimentaria y manual. No debemos olvidar que, desde el comienzo de la revolución agrícola o la primera ola de cambio, en palabras del brillante escritor Alvin Toffler, la tierra se cultivaba y sembraba sin grandes avances tecnológicos[2].

Desde lo sacrificado que era la vida de su infancia, hasta sus pasatiempos, siempre me agradaba escuchar la sabiduría de esa anciana. Y de entre tantas anécdotas y charlas, hay un acontecimiento que ocurrió en su infancia que nunca me hubiera imaginado que se volvería tan actual. Desde los más calificados ingenieros de software, pasando por prestigiosas personas de atención al cliente, psicólogos, médicos, operarios

[2] Toffler, A (1980). *La tercera ola.* Barcelona: Plaza & Janes.

en fábricas de última generación, por mencionar algunas profesiones, repetirían las mismas palabras que ella ya había escuchado de unos rudimentarios juntadores de maíz hace más de 8 décadas. El presente, pasado y futuro parecería que convergen en una nueva realidad. La conversación que tuvieron unos jornaleros, específicamente cosechadores de maíz a mano con el padre de mi abuela volvería a ser increíblemente actual. Estos trabajadores les comentaban que ya comenzaban a aparecer cosechadoras de maíz, y por consiguiente se iban a quedar sin trabajo, no solo ellos, sino muchas otras personas. Durante mucho tiempo estos hombres, muchos de los cuales eran trabajadores golondrinas provenientes de diferentes provincias, y a menudo familias enteras, se instalaban durante la temporada de cosecha en algún galpón o si no lo tenían, construían para ellos y sus familias con palos y chapas para el techo, una especia de rancho para alojarse en la temporada de cosecha. Una vez ya instalados comenzaban con la labor de juntada de maíz a mano. Los que conocen del tema aseguran que un juntador de maíz llenaba 15 bolsas de arpillera por día[3].

Una cosechadora de maíz hace el trabajo de muchos de nosotros, le decían a su padre, o sea mi bisabuelo, al que nunca pude conocer. Claro está que cuando me comentaba mi abuela esa anécdota, era una más del montón de coloridas historias de lugares y personas perdidas en el tiempo. Sin embargo, había algo en esa frase de esos lejanos y sacrificados juntadores de maíz, a los cuales en estas líneas les quiero rendir mi más humilde homenaje, que perduró en el tiempo, y sin que ellos jamás lo hubieran podido imaginar, vuelve a tener una vigencia sorprendente y para muchos preocupantes.

[3] "La epopeya de la juntada". Periódico Acercar a la Gente. Santa Isabel, Santa Fe, Argentina, Nº 111. Obtenido de https://isabelense. blogspot.com/2014/01/la-epopeya-de-la-juntada. html (consulta 24.11.2024)

Circa 1938 – Cargando a una chata las bolsas
con espigas de maíz dejadas en el campo por los juntadores.

Nos vamos a quedar sin trabajo

Así comentaban 80 años atrás esos trabajadores golondrinas encargados de la cosecha de maíz, y no se equivocaban en lo absoluto. Pasaron unos pocos años y ese trabajo manual, arduo y rudimentario fue reemplazado por las primeras cosechadoras motrices con plataforma maicera. Los grandes avances tecnológicos en el sector agropecuario agilizo indiscutidamente esas labores, pero también, y aquí va estar el hilo de la temática que iremos desarrollando, hubo un precio que pagar. La distribución poblacional en el ámbito rural comenzó a mermar paulatinamente, dando lugar a mayores concentraciones de la población en los núcleos urbanos.

Hoy en día también se puede escuchar el mismo miedo de quedarse sin trabajo en diferentes medios de comunicación. Muchos programas televisivos, youtubers y páginas webs encienden las alarmas. Vaticinan un futuro donde la humanidad quedará sin empleo, ya que las máquinas, la IA (Inteligencia Artificial) y toda la tecnología ocuparan los trabajos que hasta ahora realizan los seres humanos. Obviamente muchos están movidos por la premisa de que la mala noticia vende, buscan el sensacionalismo y el terror que tanto parece apetecer a la sociedad occidental moderna. Pero sobre el miedo y el terror, Wes Craven, quien fuera unos de los más talentosos y brillantes directores de cine de ese género, ha mencionado en un sin fin de entrevistas que las personas no van a ver una película de terror para ser asustados, sino para desahogar sus miedos de la vida real.

El Sr. Craven, quien provenía de una estricta familia evangélica Bautista, donde no se le permitía ver películas, con excepción de las de Walt Disney, aseguraba que tener una visión tan fundamentalista sobre el mundo, aísla la persona de la sociedad[4]. Bajo la premisa de desahogar los miedos que muchas personas tienen sobre la IA (Inteligencia Artificial), y no ser fundamentalista sobre esta herramienta, intentaremos tener una visión realista y adulta sobre esta tecnología disruptiva. A su vez, no vamos a ser inocentes e ignorantes de los desafíos y peligros que subyace. Pero de ningún modo vamos a buscar generar terror, algo que saben mucho mejor realizar ciertos directores de cine, tal como el legendario Craven.

Desde que comenzó a popularizarse la Inteligencia Artificial de forma masiva, cada día que pasa no nos deja de sorprender lo extraordinario de esta invención tecnológica. Sin temor a equivocarme, creo que luego de la aparición de Internet, es la invención más disruptiva, innovadora y maravillosa desde la revolución industrial. Iremos describiendo en las próximas líneas algunos ejemplos de lo que hasta el momento podemos ir vislumbrando sobre esta tecnología. Para esto vamos a utilizar las categorías de ***luces y sombras***, terminología ya clásica para el análisis de la presencia de la Iglesia en la historia, pero referenciando los aspectos positivos y prometedores (luces) como los negativos y preocupantes (sombras) de la Inteligencia Artificial desde nuestra subjetividad.

[4] "Fangoria's Screamography: Wes Craven Interview". En línea: https://www.youtube.com/watch?v=AysYiuabyqo&t=168s (Consulta 23.11.2025)

"Wes Craven interview on "Scream" (1997)" En línea: https://youtu.be/FySvPeZWpB4?si=WyAzVmf2S5WCXVZQ&t=788 (Consulta 23.11.2025).

Luces y Sombras

Antes de mencionar los diferentes puntos que vamos a abordar, es importante aclarar que cuando nos referimos a Inteligencia Artificial, lo hacemos a un tipo denominada generativa. Históricamente la misma fue utilizada para actividades asociadas a procesos y análisis, tales como validación de datos o ingresos de los mismos. Este patrón cambió con el surgimiento de los modelos generativos. En lugar de procesar y analizar información, estos modelos fueron entrenados para crear. Este cambio hizo posible todo un nuevo mundo de innovación y soluciones, convirtiendo la IA de una simple herramienta que analiza datos existentes a una con capacidad de fundar nuevos datos.

- Ética en el uso de la Inteligencia Artificial

Indiscutiblemente uno de los ámbitos donde se dan las discusiones más acaloradas en el uso de la IA es el área de la ética. ¿Hasta dónde podemos hacer uso de la misma? ¿Que está permitido y que no? ¿Quién es la autoridad que dicte esas reglas y qué autoridad tiene para hacerlo?

Hoy la herramienta nos permite crear imágenes, video y voces de personajes conocidos o de nosotros mismos, los cuales son totalmente realistas pero fabricados. Cada vez resulta más dificultoso distinguir entre un video creado por la Inteligencia Artificial y un video real. El grado de perfeccionamiento se va incrementado día a día. Te preguntaste qué pasa si crean un video tuyo haciendo o diciendo cosas que nunca harías, o peor aún, actos indebidos y se viraliza. Una vez creado el daño, resulta muy difícil repararlo. Fácilmente uno podría tener un grave problema frente a la justicia por dicho video, el cual ha dañado, como mínimo, la reputación de uno. La persona que sufra este *hackeo* a su imagen tiene que invertir tiempo y dinero para demostrar que es un video falso. La premisa va ser la opuesta a la que desde tiempos remotos destacó la justicia sobre el axioma o principio de la presunción de inocencia. Este es tan solo un simple ejemplo del uso inapropiado de la Inteligencia Artificial generativa.

Más aun, hay un tema muy delicado, que pareciera que lamentablemente no tomó la importancia que amerita. Imágenes de pornografía infantil creadas por IA. Esta aberración debería dejar que tengamos una mirada inocente de la herramienta. Quien controla eso, ¿lo dejamos en las manos de las firmas que producen las Inteligencia Artificial, ellos van a ser los sensores? Parafraseando al poeta romano Juvenal: *Quis custodiet ipsos custodes?*[5]

- Puestos de trabajo

Hay un refrán que dice no se puede tapar el sol con la mano y creo que aplica muy bien a lo que estamos desarrollando en este apartado. Estamos en una transición vertiginosa de los puestos laborales, y al igual que los cosechadores de maíz a mano, hay muchos empleos que van a desaparecer. Es una realidad, y al que quiera impedirlo, pregúntele cuantos cosechadores de maíz a mano conoce hoy en día. El mundo está en continuo movimiento. Tenemos el deber como humanidad crear nuevas realidades donde se generen nuevos y diferentes tipos de trabajo. No me refiero en lo absoluto a que tenemos que ser todos ingenieros en redes neuronales artificiales ni tener una renta o salario universal. Empecemos por repensar cómo nos convendría vivir como sociedad. Esta tecnología va a absorber primero trabajos de oficinas, call centers, cabinas de peajes manuales y todo tipo de trabajo repetitivos y de bajo valor agregado en fábricas que poco a poco quedarán obsoletos. La inteligencia computacional[6] irá reemplazando estas labores, si es ya no lo ha hecho, muy al pesar de quienes realicen esas tareas. Este cambio de paradigma laboral, puede quizás ayudarnos a repensar algo tan crucial como son los asentamientos poblacionales. Quizás ya ha llegado el momento de empezar a despoblar las megas ciudades, totalmente contaminadas, hacinadas de gente con grandes extensiones de periferias y conurbanos, apestadas de insegu-

[5] ¿Quién custodiará a los custodios? Sátira VI, lineas 347-348

[6] Inteligencia Artificial, IA, Inteligencia computacional son todos términos que remiten al mismo concepto para la narración.

ridad. Ya que la herramienta ayudará a simplificar procesos y diseños complejos, puede ser un llamado a simplificar nuestra manera de vivir.

Tal vez ha llegado el momento de distribuirnos como población en pequeños pueblos o campos, lo cual, en nuestro país está podría ser una ingeniería no muy compleja. Quién con un poco de sentido común no pone en tela de juicio que el invertir entre 2 y 3 horas diarias en calles y autopistas colapsadas de automóviles o un transporte público símil al de ganados, para ir a una oficina y estar frente a una pantalla de una computadora o con un teléfono, ¿no es algo irracional? La vida no tiene por qué ser así. Una opción podría ser volver a vivir en comunidades más pequeñas y saludables, aprovechando la interconexión que nos permite las comunicaciones. Inevitablemente vendrá la pregunta, ¿y *de que trabajaremos?* La respuesta aparecerá con el ingenio del hombre, el mismo ingenio que pudo inventar la maravillosa herramienta de las redes neuronales artificiales, sabrá como reestructurarse y generar otros tipos de labores en estos nuevos hábitats.

Hay otros tipos de trabajo donde pareciera que la Inteligencia Computacional se utilizará como una herramienta y no como un reemplazo de un puesto laboral. Pienso en médicos que podrán utilizarla para hacer diagnósticos de enfermedades, ayudar en intervenciones quirúrgicas, etc. Programadores de software que ya en la actualidad la utilizan para generar códigos de programación o mejoras de los mismos, detectar posibles vulnerabilidades o *bugs*[7] y hasta poder automatizar ciertas tareas. Es importante remarcar que aun cuando los resultados que brinda la herramienta resultan impresionantes, no son infalibles. El modelo puede generar información incorrecta. La *validación humana* resulta crucial para asegurase la autenticidad de los resultados, utilizar criterio y el uso ético de los mismos.

Pero hay otras áreas donde hay un gris, y no se ve con claridad cómo se va a evolucionar su uso. Para poner un ejemplo actual, Grok, el chatbot de inteligencia artificial generativa desarrollado por la compañía X, ya permite tener un dialogo con un *"terapeuta"* de IA. Esto genera

[7] Un "bug" informático es un error, defecto o fallo en el código de un software que provoca un comportamiento inesperado o incorrecto.

por primera vez, nos guste o no, una competencia real con los psicólogos. Quizás las personas adultas no considerarían utilizarlo como un terapeuta real, pero pensemos en los jóvenes nativos de esta tecnología, van a empezar a hacer uso del mismo como un recurso terapéutico.

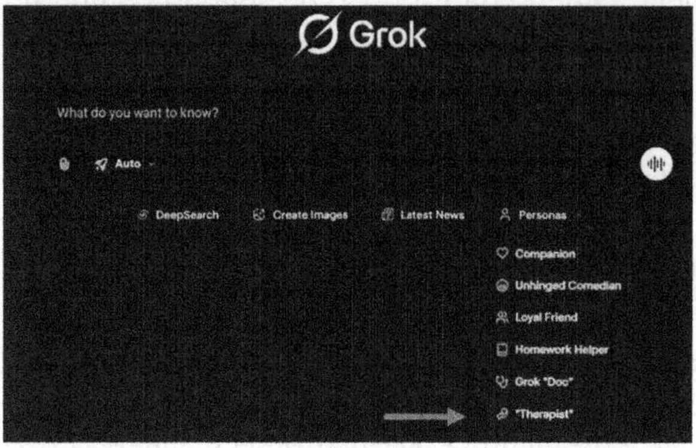

- Soledad y compañía

Vivimos en un momento de la historia donde creo, sin temor a equivocarme, se viven niveles de soledad nunca vistos. Antes de la revolución industrial, según nos detalla el escritor estadunidense Alvin Toffler, la gente tendía a vivir en grandes agrupaciones multi-generacionales, con tíos, tías, abuelos o primos viviendo todos bajo un mismo techo. Lo que él llama "familia colectiva"[8].

Al comenzar a desplazarse la producción económica del campo a la ciudad, y con el fin de liberar trabajadores a las flamantes fábricas u oficinas, las funciones claves de la familia fueron encomendadas a nuevas instituciones especializadas. Así, la educación de los niños se tercerizó a las escuelas y el cuidado de los ancianos, que anteriormente vivían con el resto de la familia, fue puesto en manos de asilos. No había tiempo de cuidarlos. Las familias se deshicieron de parientes "indeseados", se hicieron más pequeñas, más modulares. Así apareció las "familia nuclear": padre, madre y unos pocos hijos.

[8] Toffler, A (1980). *La tercera ola.* Barcelona: Plaza & Janes, pág. 44.

En la actualidad este modelo pareciera que comienza a estar en crisis. Matrimonios que prefieren tener mascotas a hijos, hombres y mujeres que deciden no tener una pareja estable o simplemente vivir solos. El número de personas solas va creciendo. Las encuestas sugieren que en los países de la OCDE[9] a medida que las personas envejecen disminuye el apoyo social de amigos o parientes[10].

Ante este panorama, la IA ha comenzado a ocupar tímidamente un lugar de compañía para muchas personas que están o se sienten solas. El hecho de que esta tecnología ya permita llevar una conversación fluida y profunda, está ayudando a muchas personas en estado de soledad a encontrar una compañía, llamémosla virtual, con quien puede dialogar como si fuera un simple mortal. Nunca en la historia humana se había logrado una tecnología con estas características. Únicamente la ciencia ficción se permitía la osadía de poder dialogar con algo que no sea otro humano. Seguramente muchos recordarán la serie televisiva de 1982 *El auto fantástico* donde había un auto llamado KITT, que podría entablar conversaciones;[11] o también la serie de 1968 *Viaje a las estrellas: la serie original*, donde una computadora podía hablar con los tripulantes de la nave[12]. Hoy ya dejó de ser ciencia ficción...

Para otro grupo de personas, tal vez un poco más pudientes, ya están empezando a comercializarse robots humanoides que no solo tienen la habilidad de conversar sino también pueden ayudar en tareas del hogar. Si bien aún están en una tapa de inicio, no pasará mucho tiempo hasta que sea una realidad, quizás en el 2050 la mayoría de los hogares puedan tener uno, como confirma el empresario Elon Musk[13]. Quienes hayan

[9] OCDE: Organización para la Cooperación y el Desarrollo Económico.

[10] All the lonely people. En línea: https://www.oecd.org/en/publications/all-the-lonely-people_23ac0e25-en.html (Consulta 23.11.2025)

[11] Kitt Speak for The Very First Time | Knight Rider". En línea: https://www.youtube.com/watch?v=dANY3uk7lxc&t=193s (Consulta 23.11.2025)

[12] "Star Trek Voice First Computer". En línea: https://www.youtube.com/watch?v=1ZXugicgn6U (Consulta 23.11.2025)

[13] "Elon Musk: A future worth getting excited about | Tesla Texas Gigafactory interview | TED". En línea: https://youtu. be/YRvf00NooN8?si=hbegztkzNbn1U1Wf&t=1451 (Consulta 20.11.2025)

podido conocer la atracción Horizons del parque EPCOT Center de Walt Disney World en Florida, EE.UU., recordarán como vaticinaban un futuro donde había maquinas robots que hacían las tareas del hogar[14]. El futuro ya llegó.

Pero, cuál es el límite, la frontera donde ya deja de ser una compañía para volverse algo patológico. Esta parte sombría del comportamiento humano, en los venideros años, y gracias al avance tecnológico de los humanoides, va a ser un tema complejo. Pensemos ya en personas que decidan no tener una pareja humana y reemplazarla por un humanoide[15]. Quizás le resulte más fácil convivir con un ser donde puede hacer uso y desuso de sus voluntades, y no otro par, donde hay que convivir respetando la libertad y autonomía humana. Pero a qué costo emocional y psíquico.

El futuro es a final abierto, pero pensemos, en qué época de la historia humana no lo fue. Comenzamos este capítulo mencionando *luces y sombras* de la Inteligencia Artificial, vislumbrando las oportunidades y desafíos que se nos presentan con su uso. Mientras los seres humanos tengamos la capacidad de actuar en libertad, será el buen uso de esta facultad lo que permitirá utilizar esta maravillosa herramienta para el bienestar común. Concluimos este capítulo parafraseando al Papa Francisco en su discurso del 2019 sobre "El bien común en la era digital", donde pone el acento y resume todo lo que hemos estado analizando: "*Un mundo mejor es posible gracias al progreso tecnológico si éste va acompañado de una ética basada en una visión del bien común, una ética de libertad, responsabilidad y fraternidad, capaz de favorecer el pleno desarrollo de las personas en relación con los demás y con la creación*"[16].

[14] "Vanished World of Disney 4 – Horizons". En línea: https://www.youtube.com/watch?v=CBxRvSG8tDM (Consulta 21.10.2025)

[15] "The AI sexbot industry is just getting started. It brings strange new questions – and risks". En línea: https://www.sydney.edu. au/news-opinion/news/2024/10/16/ai-sexbot-industry-just-getting-started.html (Consulta 21.10.2025) https://www.realdoll.com/ (Consulta 21.10.2025)

[16] Discurso del santo padre francisco a los participantes en un seminario sobre "el bien común en la era digital". En línea: ttps: //www.vatican. va/content/francesco/es/speeches/2019/september/documents/papa-francesco_20190927_eradigitale.html (Consulta 15.09.2025)

2. EL TRABAJO EN LAS PLATAFORMAS DIGITALES

"...y asegurar los beneficios de la libertad, para nosotros, para nuestra posteridad, y para todos los hombres del mundo que quieran habitar en el suelo argentino...".

Preámbulo Constitución Nacional Argentina

La tormenta de Santa Rosa

La lluvia caía fuertemente sobre la ciudad, empapando las calles y los edificios. Jesús, un rider de 25 años, se subió a su vieja bicicleta y arrancó igual con su traje impermeable. Llevaba una mochila roja llena de comida y bebidas lista para ser entregada a sus clientes de siempre. Él *había sido repartidor durante 4 años. Le explicaron en la empresa los beneficios de la "libertad" de trabajar por su cuenta, elegir sus propios horarios y rutinas.*

Sin embargo, sabía que era un trabajo duro y más cuando convenía repartir de noche en hora pico. Las largas horas en el asfalto, el tráfico furioso, el cansancio constante de pedalear sin parar con mucho peso sobre su espalda y la lluvia con frío profundo y penetrante eran solo algunos de los retos que se enfrentaba cada día. El confiaba en su rosario protectorio pegado en su cuello, el mismo se lo había regalado su querida abuela antes de salir del país en búsqueda de sus sueños...

Mientras conducía por la bicisenda, siempre pensaba en su familia. Su esposa y sus tres hijos pequeños lo esperaban en casa, él *trabajaba duro para proporcionarles una vida mejor. Las condiciones de trabajo eran tan precarias que ni siquiera se podía ir al baño ya que las hamburgueserías y confiterías famosas del Barrio Flores habían puesto un identificador numérico en cada negocio y tenía que pedir auxilio a cada cliente para acceder a los códigos y utilizar los sanitarios.*

De repente, como estaba acostumbrado un pedido llegó a su celular, aceptó y se dirigió hacia la dirección indicada rápidamente. La lluvia seguía cayendo cada vez con mayor violencia y se apresuró para entregar la comida lo antes posible. Quería mejorar su productividad y aumentar sus ganancias para hacer más recorridos y mejorar su "score". En su prisa, Jesús pasó rápido y un automóvil azul que venía en sentido contrario con semáforo en rojo no pudo frenar a tiempo y chocó la bici. El impacto fue tan fuerte que salió volando por el aire...

Todo se volvió negro como su trabajo.

Cuando se despertó en el hospital, se dio cuenta de que había sufrido un accidente grave. Su cuerpo estaba inmóvil y su rodilla izquierda estaba rota, y tendría que pasar varios meses en recuperación. La lluvia seguía cayendo afuera, pero él *no podía evitar pensar en la ironía de su cotidianeidad. Había trabajado tan duro para mejorar sus ingresos que había puesto en riesgo su propia subsistencia precarizada con esa labor y no tenía dinero ni siquiera para afrontar los gastos de salud...*

Él *se sintió mal por lo sucedido. Se dio cuenta de que la velocidad de entrega de los pedidos no era lo más importante ni fundamental que su propia existencia. Después de varios meses de recuperación, regresó a trabajar. Jesús estaba decidido a cambiar la realidad con una nueva perspectiva de lucha para formalizar y sindicalizar a todos sus compañeros y compañeras. Con varios de ellos se instalaron con carteles en la puerta del shopping de Caballito para fomentar la afiliación y formar un gremio. Aprendió a valorarse y prometió que no le sucedería lo mismo a otros que se juegan la vida con cada entrega...*

Introducción

Antes de desarrollar el tema en profundidad, tenemos que analizar a que se denomina trabajadores bajo plataformas digitales para poder conectar los diferentes actores que interactúan en esta relación. Por un lado, tenemos un algoritmo[17] que utilizan las plataformas para gestionar y asignar tareas, estos sistemas se basan en estándares globales de disponibilidad y ubicación, habilidades y experiencias, evaluaciones/calificaciones, y por último, y muy cuestionado por muchos doctrinarios en la materia, pilares como la eficiencia y rendimiento ya que se intenta maximizar la productividad de los trabajadores en la velocidad de la respuesta y servicio de la misma. Las apps, que las encontramos rápidamente en el celular, son la herramienta comunicacional entre los clientes, las plataformas y los trabajadores. Estos sistemas unen las prestaciones, compras u otras tareas que se pueden hacer desde el móvil con los encargados de hacer el trabajo correspondiente ya sea de mensajería, traslado de comidas/objetos o transporte de personas entre otras tareas.

Actualmente, el trabajo en las plataformas digitales es una herramienta rápida y sencilla para que millones y millones de trabajadores en todo el mundo puedan acceder rápidamente a un empleo. Los enfoques sobre cómo abordar esta modalidad laboral en crecimiento son múltiples y disímiles. Ya en el año 2025, la OIT (Organización Internacional del Trabajo) lo incluyó como tema prioritario para trabajar en comisiones en la 113ª conferencia internacional del organismo. En estas mesas se debatieron temas desde una perspectiva liberal, que aboga por la autorregulación dentro de las reglas del libre mercado, hasta una postura más intervencionista, que propugna una reglamentación rígida, similar a la de cualquier trabajo en relación de dependencia, con una legislación específica que tenga en cuenta las particularidades y complejidades de esta actividad, ya mencionadas anteriormente.

En el 2020, se estimaba que había alrededor de 4,4 millones de trabajadores digitales en todo el planeta. La tendencia, a partir del desarrollo de nuevas plataformas, va creciendo cada vez más, esto se une a que los jóvenes son los primeros que ingresan a este mercado de trabajo

[17] Algoritmo: Es un conjunto de instrucciones claras y precisas que se siguen paso a paso para resolver un problema o realizar una tarea determinada. Los mismos se utilizan frecuentemente en áreas como la informática y tienen un impacto significativo en nuestras vidas cotidianas, desde la búsqueda de un producto en internet hasta el pedido de productos/servicios por medio de App.

como su primer empleo. A este fenómeno se suma que la franja etaria con más años se le dificulta entrar al mismo por cuestiones de manejo tecnológico y características del mismo. Las preguntas que nos planteamos son diversas y complejas. ¿Puede ***considerarse a la plataforma digital como un empleador?*** ¿Cómo se pueden respetar los principios de libertad sindical en un sector donde no existe un sindicato constituido y registrado? ¿Quién asume la responsabilidad en caso de accidentes laborales? Estas interrogantes nos llevan a una pregunta fundamental: ¿estamos ante micro-emprendedores o trabajadores precarizados, inmersos en un sistema de productividad y salario dinámico[18], que fusiona la tecnología de las aplicaciones con la fuerza física que emplean?

En todo este debate, vemos cómo los países van regulando o no la actividad en diferentes formatos. España fue pionera en este sentido al reglamentar los derechos laborales a través del decreto-ley 9/2021. Esta normativa garantizó prerrogativas mínimas a los trabajadores que prestan servicio en plataformas digitales de reparto. Entre estas facultades se incluyen la presunción de relación laboral, derechos a la información y protección de facultades profesionales.

Este plexo normativo, calificado por muchos como ***"la ley rider"***, fue debatido y cuestionado por varios actores de la sociedad española. Mientras unos velaban por la protección de los trabajadores, otros argumentaban que esta normativa ahuyentaría el capital y las inversiones en el país. Contrariamente a estos fundamentos, la Unión Europea, como bloque económico, social y cultural, avanzó fuertemente en directivas pro-obreras con plazos determinados para que los trabajadores *"disfruten del mismo nivel de protección que aquellos que tienen una relación contractual directa con la plataforma",* estableciendo principios como la solidaridad laboral de todos los participantes en la cadena de contratación. La directiva (UE) 2024/2083 del bloque determina varios pilares:

[18] Un salario dinámico tiene como pilar fundamental la productividad que es un sistema de remuneración que vincula al rendimiento del trabajador, de manera que el pago se ajusta según el logro de metas u objetivos específicos, incentivando así la eficiencia, el mérito y el desempeño laboral.

–Ámbito ***de aplicación:*** *Se aplica a las personas que realizan trabajo en plataformas en la Unión Europea, independientemente de su situación laboral o contractual.*

–Derechos de los trabajadores:

–Derecho a la información y consulta en la empresa

–Derecho a unas condiciones de trabajo justas y equitativas

–Derecho a la protección de los datos personales

–Derecho a la libertad de asociación y negociación colectiva

–Gestión algorítmica:

–Las plataformas digitales de trabajo deben informar a los trabajadores sobre el funcionamiento de los algoritmos y los datos personales que utilizan.

–Los trabajadores tienen derecho a impugnar decisiones adoptadas por sistemas automatizados y a solicitar una rectificación o reparación.

–Determinación de la situación laboral*: La directiva establece normas para aclarar la situación laboral correcta de las personas que realizan trabajo en plataformas, teniendo en cuenta la jurisprudencia del Tribunal de Justicia de la Unión Europea.*

–Transparencia y rendición de cuentas: *Las plataformas digitales de trabajo deben ser transparentes en cuanto a su funcionamiento y deben rendir cuentas sobre las decisiones adoptadas por sistemas automatizados.*

Empleo autónomo o semiautónomo

Otra perspectiva a nivel global sugiere que este tipo de trabajos no debería ser regulado como una relación laboral tradicional, como se ha visto en ejemplos como España y otros países, sino que debería dejarse al arbitrio de las fuerzas del mercado, a la oferta y demanda de servicios. Este tipo de "empleo" se desenvolverá dentro del ecosistema de plataformas virtuales, donde la figura del empleador tenderá a difuminarse, dando lugar a una forma de trabajo que muchos denominan para-subordinado o semiautónomo, caracterizado por una mayor flexibilidad y autonomía, pero también por una mayor precariedad y falta de protección social.

Desde la llegada de las apps[19] aparecen innovadores cuestionamientos al mundo del trabajo y se abre el paraguas para discutir todas las nuevas formas que en el futuro se generaran a partir de la revolución tecnológica. A nivel mundial, los parámetros que se discuten son si es una relación laboral o no, cuáles son las tarifas mínimas para los servicios, quién debe afrontar los costos y proporcionar los equipos y/o vehículos necesarios para desarrollar la tarea, cómo se estructura la jornada laboral en caso de existir relación de subordinación, cómo es la representación sindical en este tipo de trabajos, los pisos de protección mínima de derechos básicos laborales, entre otros aspectos.

En este contexto descrito en el párrafo anterior, el empleo de los trabajadores de plataformas digitales está en plena expansión y hace que el debate nacional se profundice. Un estudio del índice Rappi indica que el número pasó de 43.048 repartidores en noviembre de 2024 a 151.874 en noviembre de 2025. Es decir, en un año casi se cuadruplicó la cantidad de personas que se volcaron a trabajar en aplicaciones de reparto. También simultáneamente subió la cantidad de comercios que se sumaron a vender con la aplicación en un 39%, lo que confirma el rol creciente de estas plataformas en un contexto de caída general de la actividad económica. Este boom desmesurado provocó un derrumbe en la comisión individual[20], según relatan los propios repartidores[21].

[19] Apps: Aplicaciones móviles diseñadas para realizar tareas específicas en dispositivos electrónicos.

[20] Muchos economistas hablan de la saturación del mercado cuando la oferta laboral crece más que la demanda y la competencia hace que los márgenes de ganancia bajen. Una situación parecida se dio en la década de los 90 con las diferentes privatizaciones y despidos. La generación de negocios que se instalaron fueron rentables en el principio y se sobrecargo por el exceso de los mismos (ej. Parripollo, remises, canchas de pádel, videoclubes, etc.).

[21] https://www.infogremiales.com.ar/indice-rappi-se-cuadriplico-la-cantidad-de-repartidores-desde-noviembre-de-2024-y-se-derrumbaron-las-comisiones-individuales/ (acceso 2/12/2025)

¿Un estatuto para el trabajador de las plataformas digitales?

Una de las salidas innovadoras que citan algunos juristas puede ser la elaboración del estatuto del trabajador de las plataformas digitales, como en su momento fue el estatuto del peón rural. Esta tiene que ser una legislación que debe darse el Estado Nacional para tener una mínima tutela de protección para los empleos que se están generando y que se van a seguir desarrollando con la llegada de nuevas tecnologías. Es imperioso que surja por parte de los organismos nacionales iniciativas a través del diálogo social, ya que, a pesar de cierta experiencia incipiente y embrionaria de organización gremial, todavía hay un debilitamiento importante de los actores colectivos.

Si caracterizamos a los trabajadores de las plataformas virtuales, muchos de estos puestos son cubiertos por extranjeros que vienen al país con la idea de tener una mejor calidad de vida o trabajadores que se quedaron sin empleo ante la crisis laboral y ven una salida rápida, posible y con fuerte propaganda de progreso constante. En el caso de los inmigrantes, estos laburantes[22] desconocen la legislación del país al cual inmigran, tienen necesidades importantes para sostener a sus familias y muchas veces sienten miedo a formar un sindicato por la idea de perder lo poco que poseen, como un trabajo, o ser simplemente **"desconectados"**. La libertad sindical, como herramienta para hacer oír las demandas del sector, es una utopía para un contexto económico, social, cultural y de correlación de fuerzas tan asimétricas y desproporcionadas como las que rigen en la actualidad a nivel mundial.

Asimismo no solo en los hechos descriptos sino en el derecho, actualmente se comenten muchísimas injusticias, dado que hay un vacío legal propio que también sufrieron los tele-trabajadores antes de la llegada de la ley 27.555[23]. La regulación de institutos laborales básicos

[22] Es un término común tanto en el lunfardo como en el habla rioplatense para referirse a una persona que tiene un trabajo remunerado.

[23] Ley 27.555 de Argentina es la que establece el Régimen Legal del Contrato de Teletrabajo, que regula los derechos y obligaciones de los trabajadores remotos, garantizando que tengan los mismos derechos que los presenciales. Esta ley obliga a los empleadores a proveer

se impone como una realidad innegable para hacer cumplir ciertos derechos humanos fundamentales. El pretexto de que son trabajadores autónomos e independientes hace que por muchos años la regulación de la actividad haya sido frenada por el lobby de ciertos actores muy poderosos del sector.

El informe de la OIT (Organización Internacional del Trabajo) de la Comisión Mundial sobre el Futuro del trabajo señala que *"debería establecerse un sistema de gobernanza internacional de las plataformas digitales del trabajo que les exija que respeten determinados derechos y protecciones mínimas"*. En muchas partes del mundo, el debate de lo que propone la entidad sigue abierto, por ejemplo la Corte Suprema de Justicia del Reino Unido reconoció este año la relación laboral entre UBER y los conductores. La justicia dio un giro de 180 grados en un hecho inédito y revolucionario, avanzo en plasmar con un fallo la reafirmación de algunos derechos básicos mínimos: salario mínimo garantizado, vacaciones pagadas y derecho a una jubilación.

En Argentina aparecieron los primeros fallos en consonancia con el debate mundial, y la justicia del trabajo determinó que existió una relación laboral en otra empresa de plataforma digital como CABIFY, y le ordenó pagar una indemnización por despido. La sentencia fue dictaminada por la Jueza Viviana Dobarro, a cargo del Juzgado Nacional de 1ra Instancia del Trabajo N° 21, marcando una tendencia fuerte que se viene en este tipo de empleos. El reconocimiento judicial de "socios" a trabajadores está avanzando a una velocidad muy fuerte en todos los tribunales del país.

La reflexión que nos hacemos es que, si no cambiamos nuestros plexos normativos, tendremos al trabajo del futuro con tecnología del siglo XXI sin legislación laboral, como era en la revolución industrial, contrario a todo nuestro sistema jurídico. Es más, si leemos el artículo 14 bis de nuestra Constitución Nacional, que data de 1957, cita que "el

---

el equipamiento, mientras que los trabajadores tienen derecho a la desconexión digital, a compensación por gastos etc.

trabajo **en sus diversas formas gozará** de la protección de las leyes…" En este articulado observamos un derecho ***amplio***, progresivo y tutelar de todo tipo de tarea.

El cambio es justo y debe ser una prioridad para, por un lado, achicar la brecha económica entre los trabajadores formales y los trabajadores de las plataformas digitales; por otro lado, tener mínimas condiciones de seguridad e higiene, ya que muchas veces se producen siniestros producto del cansancio y stress al que son sometidos para llegar con los pedidos; y finalmente tener una paga justa conforme a una jornada laboral limitada, con las licencias correspondientes, entre otros derechos.

El mundo del trabajo a partir de las apps va a seguir creciendo en nuevas áreas, y tenemos la necesidad de generar leyes que nos permitan atraer esas inversiones a nuestro país, pero desde un modelo de negocios que sea sustentable y con condiciones laborales que garanticen que muchos quieran participar en este tipo de empleos.

Cuestionario

1) Después de analizar el capítulo con las diferentes corrientes de pensamiento en la materia, ¿Cómo te parece que es mejor regular la actividad?
2) ¿Qué tipo de apps se generarán en el futuro, (Ejemplo: aplicación de intercambio del trueque, escaneo de calorías e ingredientes de alimentos, reseñas de libros y recomendaciones, buscadores de oficios, etc.)?
3) ¿Cómo podríamos realizar una campaña para formalizar y sindicalizar este tipo de actividades específicas?

Reflexión y debate…: *Te animas a hacer un intercambio con diferentes actores y roles de aspectos positivos y negativos de regular la actividad del trabajo en plataformas.*

Campaña en la calle para organizar un sindicato

3. EL ENVEJECIMIENTO POBLACIONAL Y LA BRECHA LABORAL DIGITAL

"La sordina[24] de Gerontopolìs"

En el año 2051, la humanidad había alcanzado un punto escalofriante de no retorno. La tasa de natalidad había caído un 96%, y la última *generación de niños ya había crecido. Las metrópolis, antes inquietas y llenos de vida, ahora estaban silenciosas y vacías. Las plazas, diseñados para los niños y niñas, se habían convertido en jardines de yoga y canchas de bochas. La gente pernoctaba sola con una fuerte lentitud y apesadumbrada, perdida en sus pensamientos dentro de una ciudad fría de edificios con altos rascacielos sin gracia.*

La ciudad se había transformado con la llegada de la cuarta edad y sus necesidades, se incrementaba la teleasistencia y la tecnología de sensores para transitar más seguro, los audios en los semáforos y señalización inteligentes para personas con problemas agudos en la vista se hicieron una realidad cotidiana y el diseño de aplicaciones para los problemas de salud se promocionaban constantemente en la ego-screen. Las industrias de la longevidad estaban proliferando por medio de tratamiento, pociones y píldoras mágicas con la ilusión de llegar a la eternidad.

[24] La sordina es un accesorio que se utiliza para modificar y aplacar el sonido que produce un instrumento musical. Se acopla al mismo en forma manual y cambia el mecanismo acústico, lo que permite obtener diferentes efectos sonoros más leves/suaves. Estos dispositivos se utilizan principalmente en los instrumentos de soplo, aunque también se pueden emplear en otros. En este relato, la palabra, haciendo una analogía, nos trae un concepto de cambio de vientos desde la idea de la "no procreación". En este sentido al limitar las nuevas generaciones de niños, la vivacidad y energía física se van desapareciendo aplacando la "música" y cuestionamientos nuevos que traen al mundo.

La sociedad se había vuelto cada vez más individualista, la idea de vivir hasta los 150 años generaba ansiedades y tratamientos específicos para tal fin. La gente se enfocaba en su propio placer y satisfacción. Las ciudades se habían convertido en lugares de entretenimiento con dispositivos de realidad aumentada para visitar y explorar planetas, donde las personas se sumergían en la tecnología, adicciones y la virtualidad para escapar de la monotonía del silencio permanente.

Los hoteles tenían la leyenda de ***"libre de niños"*** *y lo que más proliferaba era la compra de mascotas electrónicas que rápidamente se les acababa las pilas de litio traídas desde lugares lejanos de Asia. Los subtes estaban construidos con triple hilera de asientos para poder sentarse abarrotados de carteles contra la reproducción humana que se replicaba automáticamente en los celulares que todos miraban sin percatarse del pasajero de al lado durante todo el viaje.*

La economía se había estancado debido a la falta de productividad laboral. La gente mayor, que constituía la mayoría de la población, se había vuelto más dependiente de la tecnología y de los servicios de asistencia de salud. Las potencias se reunían en foros mundiales en la ONU[25] *para firmar tratados largos y tediosos para abordar la problemática del envejecimiento poblacional. Los sanatorios estaban abarrotados y el colapso del sistema jubilatorio era común en varios países por la falta de jóvenes contribuyentes aportantes, la desocupación mundial y la informalidad laboral creciente. El hombre de a pie se preguntaba cómo podrían sobrevivir sin una estructura social, sanitaria y sobretodo en un mundo sin futuro ni nuevas ideas.*

En este cuadro apocalíptico, los robots humanoides habían sido diseñados para cuidar y asistir a la población fuertemente envejecida. Eran eficientes y precisos, pero carecían de la capacidad de ***amar*** *y comprender la emoción y la conexión humana. Un robot en particular, llamado "Munay", había sido programado para interactuar con los*

[25] ONU: Organización de Naciones Unidas fundada en 1945 después de la segunda guerra mundial para promover la paz internacional, la seguridad y la cooperación entre países miembros. Actualmente tiene 193 estados miembros.

humanos de manera más natural. Munay[26] *se convirtió en un compañero para muchos, proporcionando apoyo y compañía en un mundo vacío de afectos y abrazos infantiles. El ayudaba con las tareas domésticas, mejoraba la domótica*[27] *del hogar y tenía sensores para recordar en forma constante que pastilla tomar a cada hora.*

A medida que la humanidad se enfrentaba a su propia extinción, surgieron preguntas profundas sobre cómo se llegó a esta situación de calamidad, como los países no tuvieron una planificación de aumento de la natalidad y un apoyo económico fuerte universal por hijo ¿Qué *legado dejaría una generación sin descendencia?* ¿Qué *impacto tendría en la historia de la humanidad?* ¿Podría *la tecnología, representada por los robots humanoides y las mascotas electrónicas, proporcionar una nueva forma de vida y propósito para la sociedad, o sería demasiado tarde para cambiar el curso de la historia...?*

[26] Munay: Amar en Quechua.

[27] Segùn la RAE (Real Academia Española) la domótica es conjunto de sistemas que automatizan las diferentes instalaciones de una vivienda». Proviene de la combinación de las palabras latinas "domus" (casa) y "automática". Se trata de la gestión inteligente de los sistemas de un hogar para controlar y automatizar aspectos como la iluminación, la seguridad, la climatización y otros aparatos.

Introducción

"Estudia el pasado para pronosticar el futuro" Confucio.

Ya desde los orígenes de la humanidad, el estudio de las condiciones de existencia ha sido objeto de reflexión de muchos pensadores. De esta concepción nació la demografía como la conocemos actualmente. Esta es la ciencia que estudia las poblaciones humanas, analizando su dimensión, estructura, distribución y evolución a lo largo del tiempo. Se enfoca en tres procesos principales: **natalidad, mortalidad y migración.** Uno de los padres de la disciplina fue *Thomas Robert Malthus*[28], economista que ya estudiaba la relación entre el crecimiento poblacional y la capacidad de la tierra para producir los alimentos suficientes, con todas sus limitaciones. La teoría de Malthus ha sido criticada por varios doctrinarios; sin embargo, la misma ya pone en discusión lo que este capítulo intenta generar: el debate sobre el crecimiento poblacional y la sustentabilidad del mismo.

En este sentido, el estudio de esta materia nos proporciona importantes significaciones para analizar las relaciones laborales desde estos tres conceptos fundamentales ya descriptos (nacimientos, fallecimientos y migración). El envejecimiento y la brecha laboral digital se encuentran fuertemente arraigados y entrelazados con estas temáticas. Estos pilares (envejecimiento y brecha digital) se profundizan en las relaciones laborales que nos avecinan, no solo porque ya son problemáticas que invaden en muchos países, sino que sus efectos hacia futuro tienden a incrementarse en dos velocidades opuestas: por un lado, la rapidez del cambio tecnológico/digital y, por el otro, el incremento del envejecimien-

[28] Malthus es famoso por su libro "Ensayo sobre el principio de la población" (1798), en el que argumenta que la población humana crece de manera exponencial, mientras que la producción de alimentos crece de manera aritmética. Esto, según Malthus, llevaría a una catástrofe demográfica, ya que la población superaría la capacidad de la Tierra para producir alimentos, lo que resultaría en hambrunas, enfermedades y guerras.

Malthus creía que la pobreza y la miseria eran inevitables, y que la única forma de evitar la catástrofe demográfica era mediante la restricción del crecimiento de la población, a través de la abstinencia sexual y el retraso del matrimonio.

to poblacional sin la renovación de las nuevas generaciones, debido a la idea de "*no tener hijos*".

Las tendencias culturales, sociales, ambientales, poblacionales y económicas están conectadas e interrelacionadas en nuestras sociedades contemporáneas. El envejecimiento de las sociedades está creciendo rápidamente y a escala global. Según la Organización Mundial de la Salud (OMS), las personas mayores de 60 años de edad se triplicarán entre el 2000 y 2050, pasando de 600 millones a 2000 millones. No solo este dato es preocupante, sino que se suma a factores importantes como la baja natalidad en continentes enteros. Por ejemplo, en el 2022, la tasa de fecundidad fue de 1,46 nacimientos por mujer. Para poner este dato en perspectiva, la tasa de fertilidad en la Unión Europea era de 2,35 nacimientos por mujer en 1970.

Esta tendencia se va instalando en otros países debido a crisis económicas, cambios culturales, nuevas formas de pensar la posibilidad de armar una familia o simplemente el miedo a traer hijos al mundo. A este fenómeno hay que agregarle la inmigración, que muchas veces es fomentada por los países para incrementar su población y atraer talento extranjero. En este contexto, es importante destacar que la fuerza laboral es, en gran medida, sostenida por los trabajadores migrantes, habida cuenta de los puestos de trabajo existentes.

Los problemas que traen al mundo del trabajo son diferentes y sustanciales a largo plazo:

a) Escasez de trabajadores jóvenes:

   Debido a que la renovación se hace en forma lenta y plausible, según lo descripto en párrafos anteriores, en algunas industrias pueden faltar profesiones/oficios, además del deterioro de la productividad y el detenimiento del crecimiento económico mundial que trae aparejada la problemática.

b) Seguridad previsional:

   La seguridad social, está cada día más en riesgo/crisis debido a la prolongación de la vida por muchos años, gracias a los avances tecnológicos en la salud. Para sostener económicamente a la población pasiva, se necesita población económicamente activa que trabaje en forma registrada asegurando así la sustentabilidad del modelo vigente en varios países.

La disminución de la etapa de abajo (nacimientos) y el incremento de la etapa de arriba (envejecimiento) está haciendo estragos en el modelo, que ya recurre a otros incentivos de apoyo, como impuestos o regalías, o, de lo contrario, se sube la edad para jubilarse a través de reformas previsionales[29]. Hay que sumar también las problemáticas de informalidad laboral (falta de aportes y contribuciones) y la desocupación.

c) Re-pensar los modelos educativos:

La brecha digital se agranda cada vez más y requiere que los trabajadores se reentrenen y se capaciten continuamente en toda su vida laboral para mantenerse relevantes en un mercado de trabajo cada vez más dinámico, digital y muchas veces excluyente. Para conseguir un empleo de calidad, se vuelve complejo y difícil cuando la edad supera los 50 años o antes. Las universidades en la Unión Europea para la tercera edad son un ejemplo muy interesante de estudiar[30]

d) Dificultad en la comunicación y la comprensión intergeneracional:

La creciente brecha generacional ha generado un diálogo cultural cada vez más complejo, ya que la metamorfosis de las aspiraciones, estilos de vida, valores y experiencias entre las generaciones es un fenómeno palpable. Los cambios en la estructura familiar, social y laboral son evidentes, y requieren una empatía y escucha activa para ser abordados de manera efectiva.

[29] Reformas previsionales: En muchos países se aumenta la edad para jubilarse o se deja sin efecto regímenes jubilatorios especiales que tienen características mejoradas a la ley general fundamentado en zonas inhóspitas, profesión o actividad específica.

[30] Ver https://www.infobae.com/generacion-silver/2025/11/15/como-son-las-universidades-de-la-tercera-edad-ejemplos-de-canada-belgica-y-espana/ acceso 21/11/2025

Es notable que ya existan generaciones donde los dos trabajadores están jubilados, padre e hijo, lo que pone de manifiesto la falta de recambio generacional o la ausencia de eslabones. Esta situación ha dado lugar a un fenómeno de *"sordinas"* que silencian los nuevos vientos de cambio, aquellos que suelen caracterizar los más jóvenes y que históricamente han sido el motor de transformación social.

Economía del Cuidado

La idea de vivir eternamente tiene orígenes en la historia misma, el emperador de China Qin Shi Huang murió intentando alcanzar la inmortalidad, ya que su obsesión por vivir para siempre lo llevó a beber repetidamente elixires que contenían mercurio y otras sustancias tóxicas, las cuales probablemente le causaron la muerte. El emperador unificador de China creía que podía obtener la vida eterna buscando una poción mágica y, para ello, envió expediciones, consultó a alquimistas y magos, e incluso experimentó con otras pócimas. En este marco, se observa como el ser humano siempre quiso llegar a la plenitud eterna, en varias perspectivas filosóficas[31] y religiosas la idea de trascender a otra vida mejor se desprende fuertemente de muchos de sus postulados pétreos.

La longevidad ha sido un objetivo perseguido por líderes y grandes potencias a lo largo de la historia, impulsado por avances tecnológicos y descubrimientos científicos. En consecuencia, la llamada "economía del cuidado" por la OIT, tenderá a expandirse en el futuro. Se trata del conjunto de actividades y servicios orientados a cuidar, sostener y apoyar a personas que requieren asistencia debido a su edad o vulnerabilidad. En este contexto, los trabajadores de este sector serán cada vez más requeridos, debido a factores como el desequilibrio entre la baja tasa de natalidad y el aumento de la esperanza de vida.

[31] Platón sostenía la inmortalidad del alma en sus diálogos, especialmente en Fedón, argumentando que el alma es inmortal y eterna, mientras que el cuerpo es mortal y temporal. La idea de que el alma se separa del cuerpo al morir y puede regresar al mundo de las ideas es fundamental en su filosofía.

Es relevante destacar cómo los trabajadores de esta área se están profesionalizando, dado que algunos países han implementado planes de formación específicos. Se anticipan transformaciones en la infraestructura urbana para garantizar que estos servicios de cuidado sean inclusivos y accesibles para toda la población. En este proceso de prolongación de la vida, los oficios y profesiones se diversificarán de manera exponencial, y surgirán nuevos empleos aún desconocidos, orientados a mejorar la calidad de vida de las generaciones ancianas futuras.

La tecno-educación también denominada pedagogía digital, será una herramienta fundamental en esta nueva era y centrará su objetivo en desarrollar colaborativamente prácticas e ideas asociadas a la innovación para achicar la brecha digital y adaptarse a las nuevas realidades y edades. En este camino, el CONICET[32] desarrolló ABPSI (Laboratorio Virtual) para adultos mayores, con el objetivo de ejercitar la mente y prevenir el deterioro cognitivo, Leticia Vivas explica *"Hay buenos y malos usos. Si una persona utiliza la tecnología como un espectador pasivo que sólo mira videos, no está haciendo trabajar a la mente, ni la desafía ni genera un pensamiento crítico. En cambio, si genera un espacio de interacción con la tecnología donde tiene que generar respuestas, puede cometer errores y desafiarse a corregirlos, entonces eso sirve como herramienta para la estimulación mental*"[33].

Cambio de Paradigma "Caso Chino" y la República Argentina

La historia de China fue dando cambios profundos en esta problemática hasta convertirse en uno de los países con mayor metamorfosis natal desde sus leyes. Cabe destacar que la política férrea de un solo hijo se implementó en 1979 con el objetivo de controlar el rápido crecimiento de la población y reducir la presión sobre los recursos del país. En ese momento histórico, la República Popular de China enfrentaba desafíos cruciales como la fuerte pobreza, el acceso limitado a la educación y la

[32] Consejo Nacional de Investigaciones Científicas y Técnicas
[33] https://agencia.unq.edu.ar/?p=32684 (acceso 29/11/2025)

atención médica, entre otros males. La problemática radicaba en la capacidad del país para generar las condiciones necesarias para proporcionar alimentos, vivienda y servicios básicos a sus ciudadanos. Se consideraba que el control poblacional era esencial para lograr el objetivo de mejorar las condiciones de vida.

En 2015, China decidió relajar los controles y permitir dos hijos por familia, en respuesta a los cambios en los desafíos demográficos que ya explicitamos. Se vislumbraban dos colapsos inminentes: la crisis en la seguridad social y el fuerte incremento en la atención de salud, debido al acelerado envejecimiento poblacional, así como la disminución en la fuerza de trabajo, que podría afectar el crecimiento económico del país.

En 2021, el gigante asiático implementó un nuevo cambio radical en su política demográfica, permitiendo que las parejas tengan hasta tres hijos. A pesar de estos incentivos, diseñados para fomentar la renovación generacional, los efectos siguen siendo los mismos: una caída permanente y significativa en la tasa de natalidad, fenómeno que se replica en gran parte del mundo, debido a los altos costos de crianza, el cambio cultural y la falta de apoyo gubernamental más amplio.

Actualmente, según la oficina nacional de estadísticas de la República Popular de China, la población disminuyó en 2024 por tercer año consecutivo, con un número cada vez mayor de personas mayores. Más de 310 millones de chinos tienen más de 60 años, en una población de aproximadamente 1.400 millones de habitantes

En Argentina no es la excepción al fenómeno mundial, lo mismo que sucede en la Unión Europea y en otras latitudes se replica en el país llegando a descensos espeluznante de la población que ponen en riesgo la sustentabilidad del sistema de relaciones del trabajo, seguridad social, sistema sanitario y futuros índices de productividad industrial.

Según el estudio del Observatorio del Desarrollo Humano y la Vulnerabilidad Instituto de Ciencias para la Familia[34] *se registró un*

[34] Ver https://www.austral.edu.ar/wp-content/uploads/2025/05/2025-Familia-Argentina.V8.pdf?x23139&x23139. Acceso 20/06/2025

descenso de la natalidad del 40% en menos de una década. Al mismo tiempo, debemos observar que el total de nacimientos ocurridos en Argentina, no refleja a la cantidad real de niños o niñas residentes en nuestro país. Sucede que este dato incluye aquellos nacimientos de madres con residencia en otros países que dan a luz en Argentina, pero una vez producido el nacimiento no permanecen en el país (RENAPER, 2025; Min. Salud, 1991-2023).

• *Paralelamente, la esperanza de vida de las personas alcanzó los 72,8 años (ONU, 2019), lo que supone una mejora de unos nueve años con respecto a 1990, estimándose que, en 2030, casi el 12% de la población mundial tendrá 65 años o más y la longevidad media mundial en 2050 se situaría en torno a los 77,2 años (ONU, 2022).*

Y en este escenario, América Latina tampoco escapa a la realidad mundial: se envejece mucho más rápido de lo que crece su riqueza o su política de Estado de bienestar. En 1990, la edad promedio regional era de 24 años. Actualmente, es de alrededor de 34 años, y se estima que para 2050, uno de cada cuatro latinoamericanos tendrá más de 60 años. Según la CEPAL[35], el envejecimiento regional *"avanza en un contexto de desigualdad estructural y cobertura social insuficiente"*.

Propuestas y oportunidades

Como dicta el proverbio chino, la crisis puede ser una oportunidad de cambio que revela el sistema. Es imperativo rearmar estrategias focalizadas e inclusivas que sean sustentables a largo plazo. En este camino, es crucial remarcar que la inacción solo profundizará los problemas en el futuro inmediato. Hoy en día, enfrentamos cuestiones complejas, como el envejecimiento poblacional y la brecha laboral, que a menudo se convierten en desigualdad digital.

[35] CEPAL: es la Comisión Económica para América Latina y el Caribe, un organismo regional de las Naciones Unidas que se encarga de promover el desarrollo económico y social de la región.

En este sentido, diversas experiencias internacionales ofrecen valiosas lecciones. Finlandia, por ejemplo, implementa programas de rotación laboral para adultos mayores, permitiéndoles tomar licencias temporales para reciclarse y actualizar sus habilidades. Otra experiencia interesante es Singapur, que fomenta la contratación de talento experimentado a través de programas de apoyo y asistencia, incluyendo subsidios y créditos para la educación de personas mayores.

La clave reside en la formación permanente, como sostiene la OIT (Organización Internacional del Trabajo), que implica la adquisición continua de conocimientos, aptitudes y habilidades a lo largo de la vida. Esto permite adaptarse a los cambios del mercado laboral y la tecnología, mejorando las oportunidades de empleo y desarrollo profesional. Compartir experiencias y conocimientos con los más jóvenes es fundamental, y muchas empresas lo ponen en práctica a través de sistemas de aprendizaje corporativo interno.

El sistema japonés "Sensei-kohai" es un modelo destacado de transmisión de sabiduría intergeneracional, donde la tradición cultural se centra en la transmisión del maestro al discípulo de experiencias y buen oficio. Esta sinergia entre la sabiduría de los adultos mayores y la energía de los jóvenes genera un funcionamiento sólido en la unidad productiva, fomentando la pertenencia, la continuidad cultural, la innovación y el crecimiento grupal.

Para finalizar es importante destacar lo que opina el demógrafo *Joseph Chamie*, ex director de Población de la Organización de Naciones Unidas, *sobre que la competencia entre regiones jóvenes y viejas reordenará la economía global tanto como la revolución tecnológica. La inquietud que nos plantea es si las sociedades longevas podrán seguir siendo productivas sin sacrificar la equidad.* Según un informe de la OCDE, en los próximos 25 años la fuerza laboral de los países desarrollados podría reducirse un 15% si no se incorporan políticas activas de envejecimiento saludable y de reconversión profesional[36].

[36] Ver https://www.infobae.com/sociedad/2025/10/26/el-voto-gris-como-el-envejecimiento-demografico-esta-cambiando-la-democracia/ acceso 1/11/2025

Como conclusión, si queremos impactar en la lógica del mundo actual, es imperativo fortalecer todo el apoyo estatal para que las familias puedan sostenerse, sabiendo que los hijos son nuestro legado en el mundo, nuestra única "eternidad". Por otro lado, es fundamental valorar toda la sabiduría y experiencia de las personas mayores, claves para guiar a los jóvenes. Siguiendo este razonamiento, parafraseando a nuestra Santidad el Papa Francisco en el II Encuentro Mundial sobre la Fraternidad Humana, él nos dice: *"Uno piensa que el futuro de la humanidad está en los adultos que pueden hacer esto, aquello, lo otro... Pero no es así. El futuro de la humanidad está en las dos puntas: está en los niños y en los ancianos".*

○ Cuestionario

- ¿Cómo se puede mejorar la problemática del envejecimiento global y la brecha digital existente?
- ¿La formación continua de las universidades de tercera edad como se da en países como España, Canadá o Bélgica puede ser una solución?
- ¿Qué sistema de incentivos y promociones se podría aplicar para la contratación de trabajadores mayores? Ejemplo: generar nuevas herramientas como: cupos, reducciones fiscales, etc.

Reflexión y debate: *Sabiendo que el "marasmo psicológico", también conocido como marasmo institucional, describe un estado grave de suspensión y deterioro emocional y físico en criaturas que carecen de afecto físico y contacto humano, surge la pregunta:* ¿Pueden *los robots sustituir la acogida amorosa, irrepetible y con extrema singularidad que ofrece el ser humano?*

4. LA ECONOMÍA CIRCULAR Y LOS EMPLEOS VERDES COMO CONTRA-RESPUESTA CULTURAL SOSTENIBLE A LA OBSOLESCENCIA PROGRAMADA

El influencer "verde"

En un pequeño poblado rodeada de naturaleza, vivía Jonas, un joven apasionado por el medio ambiente y el consumo sustentable. Un día, al ver a sus amigos del colegio siempre activando en internet, decidió convertirse en un "influencer verde@", compartiendo en sus redes sociales recomendaciones, trucos y experiencias sobre cómo vivir de manera más ecológica, responsable y consciente de nuestra casa común. También armo su blog personal y quería estudiar qué hacer con los electrodomésticos en desuso que generaban montañas de basura electrónica en las esquinas.

Él *se enfocaba en promover la austeridad, el reciclaje, la reducción de plásticos y las estrategias de las multierres: Reusar, remendar, recomponer, reparar, revender, refaccionar, remodelar, etc. Su contenido diario incluía desde tutoriales de compostaje casero hasta reseñas de armado de productos sostenibles y desafíos ecológicos para sus seguidores. Su misión más importante era inspirar a los demás a adoptar hábitos más sustentables en su vida diaria.*

El Desafío del Festival

Un día, la ciudad organizó un festival de música y arte con un enfoque en la sostenibilidad. Los organizadores querían un festejo único *y que transmitiera esa cultura de generación en generación, las consignas de la celebración serían "cero residuos" y plantar* árboles *KIRI traídos de Asia por su gran poder de absorber 10 veces más el dióxido de carbono y solicitaron a Jonas que ayudara a promover prácticas ecológi-*

cas entre los asistentes. El vio una gran oportunidad para amplificar su mensaje desde la forestación y el consumo racional responsable.

Jonás creó una serie de publicaciones e historias en sus redes sociales, animando a los seguidores a participar en el festival llevando sus propias botellas de agua reutilizables, trueque de cosas usadas para favorecer la economía circular, compras de ropas con etiquetas de sellos sociales/ambientales, recoger sus residuos y a elegir opciones de comida sostenibles. También colaboró con los organizadores para colocar estaciones de reciclaje. Además compartieron talleres de buenos consejos para la instalación de termo-tanques con paneles solares y como mejorar el uso de electrodomésticos para prolongar su vida útil.

El Impacto en las redes sociales

Durante el festejo, los vecinos notaron el énfasis *en la sostenibilidad gracias a la promoción e influencia hubo una participación activa en las iniciativas ecológicas, y gracias a la velada se logró reducir significativamente la cantidad de residuos generados. Los asistentes comentaron en las redes sociales lo inspirados y felices que se sintieron por las prácticas sostenibles promovidas por la organización. Los jóvenes se quedaron toda la noche en un fogón comunitario meditando estrategias de como poder hacer el pueblo más limpio, lindo y que haya una política de reforestación permanente como pasa en otras partes del mundo.*

Después la jornada, Jonas vio un aumento en sus seguidores, un incremento fuerte en su monetización y en la interacción con su contenido. La gente comenzó a preguntarle más sobre cómo implementar cambios ecológicos en sus vidas y compartía sus posts a menudo. Él *continuó compartiendo consejos inspiradores y prácticos, consolidándose desde cada* ***"me gusta"*** *como una la* única *voz líder en la comunidad de sostenibilidad local. Desde ese momento hasta la actualidad todos los 5 de Junio se celebra el día de la sustentabilidad barrial en el pueblo instalando una cultura contracorriente del mundo actual de descarte...*

Introducción

"Solo cuando el último árbol *sea cortado, el* último *río envenenado y el* último *pez pescado, el hombre se dará cuenta de que el dinero no se puede comer".* Proverbio Aborigen

El empleo verde es considerado hoy como el trabajo del futuro, donde todas las labores relacionadas íntimamente con el **medio ambiente** tendrán una importancia crucial en el crecimiento y desarrollo de las comunidades de un país determinado. Los empleos serán concebidos en una óptica sostenible, ofreciendo oportunidades para potenciar las energías renovables, el consumo responsable, los estudios de impacto ambiental, la economía circular, la reforestación permanente, la reducción, reutilización y recolección de residuos, la educación sustentable y la generación de nuevos oficios relacionados con la ecología, entre otros temas.

No solo el mercado, en su dinámica de oferta y demanda, exigirá cambios radicales en la formación del capital humano en temáticas amigables con el medio ambiente, sino que también será una urgencia para las generaciones futuras, ante el avance de problemáticas mundiales que ponen en riesgo la vida como la conocemos. La aparición cada vez más grave de los efectos de los cambios climáticos, la emergencia de nuevas enfermedades, la desaparición de vida silvestre y fauna autóctona, la pérdida de fuentes de energía limitada por el alto consumo irracional, la deforestación a gran escala mundial con la implicancia que esto conlleva de grandes inundaciones, nos presenta un escenario urgente de demanda de este tipo de labores. En este contexto, la transición justa[37] es la herramienta fundamental hacia una economía verde ya que tiene el potencial de crear hasta 60 millones de empleos a nivel mundial, según la Organización Internacional del Trabajo (OIT).

En este escenario, también surgen temas de debate mundial, como la obsolescencia programada, que se refiere a la fabricación de productos con una vida útil cada vez más corta, de baja calidad y limitada, con el objetivo de que esos objetos dejen de funcionar o pasen de moda rápidamente, poniendo en peligro los recursos empleados para elaborarlos. En este sentido, muchos autores manifiestan que las generaciones venideras tendrán el deber de buscar herramientas dentro de la economía circular para contrarrestar esta tendencia global de los fabricantes, que alimenta el deterioro del planeta y nuestra calidad de vida. Para dar un ejemplo de una cultura inversa a esta, se puede mencionar a las mochilas *"Randoseru"* tradicionales y duraderas de Japón, que hoy en día son parte de la historia de ese país, desarrolladas en otro capítulo del libro.

Ante la velocidad de los cambios, aparecerán trabajos nuevos para contrarrestar los avances de un consumo muchas veces irracional, que conlleva repensar nuestras necesidades. Empleos como ingeniero en energías renovables, auditor de aspectos ambientales y sociales, profesor de materias ecológicas, instalador de paneles solares, gerente en responsabilidad social, medidor de consumos energéticos, certificador de turismo sostenible, influencers verdes, programador de videojuegos

[37] La Transición Justa es un enfoque que busca garantizar que la metamorfosis hacia una economía baja en carbono y sostenible sea equitativa y justa para todos los sectores de la sociedad, especialmente para los trabajadores y las comunidades más vulnerables.

de la naturaleza, especialista en gestión de la Innovación en empresas textiles y de la moda, serán una constante en el pedido de estos oficios/ profesiones.

Las transformaciones se darán cada vez más rápido, en una vorágine donde los que más se adapten y puedan reinventarse ante los nuevos cambios de paradigma de producción, tendrán las mejores oportunidades para incorporarse a las nuevas tareas. En este sentido, aparecerán las barreras verdes para ingresar a los mercados internacionales, como la reforestación continua o la medición de parámetros de no contaminación (estudio de ciclo de vida, huella de carbono, etc.) para fabricar tal o cual producto.

Para que ello pase, el incorporarse a estas nuevas temáticas, todos los conocimientos abordados desde los claustros universitarios y espacios educativos, tendrán obligatoriamente que tener una mirada interdisciplinaria, ya que no bastará solo con ser buenos profesionales, sino que será importante profundizar y seguir formándonos en otras disciplinas y materias, como psicología, ambiental, antropología, responsabilidad social, ecología, ingeniería de los materiales, química, biología, etc., conociendo desde cómo nos relacionamos con los otros, hasta cuidar y respetar el medio en que nos movemos, que en definitiva es la única hábitat que tenemos.

Una de las tendencias que se están instalando a partir de la globalización es que, para pertenecer a la comunidad internacional, un país debe respetar los derechos humanos fundamentales. Estos incluyen las prerrogativas laborales y ambientales, entre otros, que son parte de vivir en una aldea común donde todos tengamos los mismos códigos sostenibles de convivencia como seres humanos. En esa línea de pensamiento, en el año 2019, la OIT, en su declaración ***"El futuro del trabajo"***, al cumplirse los 100 años de su creación, subyace una guía práctica para poder abordar las nuevas realidades que nos impactan como desafíos importantes de la humanidad. La misma indica que hay tres pilares que los países deben considerar para poder pensar en esta nueva realidad, los cuales son:

1. Invertir en las capacidades de las personas
2. Invertir en las organizaciones que tratan de los derechos laborales y de seguridad social
3. Invertir en trabajo decente y sustentable

El último pilar, en conjunción con los otros dos, hace que a nivel mundial ya se vislumbre a la inversión y capacitación en trabajo sostenible como la tendencia que los países seguirán de ahora en más. Los empleos verdes, que se entrelazan sigilosamente en los procesos de producción, son más que simples generadores de bienes o servicios ambientales: son el detonante de una revolución silenciosa que está a punto de cambiar todos los eslabones del proceso industrial.

En este escenario internacional de proteccionismo con "barreras verdes" de los mercados y de nuevas profesiones ambientales, organismos del sistema científico-técnico, como el CONICET, INTA, INTI, SEGEMAR o la CONAE, se erigen como los arquitectos de un nuevo modelo, los visionarios que están redefiniendo la matriz productiva para un futuro más sostenible, impulsando innovaciones y desarrollos que transformarán la forma en que vivimos, trabajamos y consumimos.

El INTI (Instituto Nacional de Tecnología Industrial), entidad pública creada en 1957 con el propósito de fortalecer la trama productiva y mejorar la calidad de vida de los habitantes, ha diseñado líneas de investigación y desarrollo en sustentabilidad que son verdaderamente innovadoras. Entre ellas, se destacan cursos sobre instaladores de paneles solares, promoción de procesos y productos amigables con el medio ambiente, como el programa Compromiso Social Compartido, o el sello para reconocer a las empresas con reciclado textil. Además, se trabaja en la evaluación del ciclo de vida de diferentes productos, la electromovilidad de autos y otras líneas de trabajo verdes que apuntan a una matriz productiva sostenible.

Objetivos del Desarrollo Sostenible

Las personas que se preocupan por el desarrollo sostenible señalan que la satisfacción de las necesidades del futuro depende de cuánto equilibrio se logre entre los objetivos sociales, económicos y ambientales en las decisiones que se toman ahora. Algunas de estas necesidades son: movilidad, recursos naturales, crecimiento industrial, uso eficiente de la mano de obra, aire y aguas limpias, etc.

En un mundo donde los objetivos parecen estar en constante pugna, surge un desafío que nos concierne a todos: ¿cómo *conciliar el crecimiento industrial con la preservación de los recursos naturales?* El desarrollo sostenible se presenta como la respuesta a esta pregunta, un enfoque que busca mejorar el nivel y la calidad de vida de la población, tanto en el presente como en el futuro. La búsqueda de un equilibrio entre el progreso económico y la protección del medio ambiente es un imperativo que requiere una reflexión profunda y una acción decidida. Los aspectos económicos son, sin duda, una parte fundamental del desarrollo de un país, pero deben estar enmarcados dentro de los parámetros de justicia social, crecimiento sustentable y equilibrio sano, para crear las condiciones de un futuro más próspero, duradero e inclusivo.

Al respecto, para poder tener un desarrollo sustentable poniendo en equilibrio el crecimiento productivo, los Objetivos de Desarrollo Sostenible (2015-2030), también conocidos por sus siglas ODS, son una iniciativa de las Naciones Unidas, impulsada para dar continuidad a la agenda de desarrollo por el Organismo Internacional, y que los países integrantes deberían fomentar en sus políticas públicas para poder ser aplicados. Son 17 objetivos y 169 metas propuestas, incluyendo nuevas esferas como el cambio climático, la desigualdad económica, la innovación, el consumo sostenible y la paz, etc.

Tras un proceso de negociación y concertación sobre los ODS que involucró a 193 estados miembros, se pusieron de acuerdo en que las prioridades para los próximos años puedan ser realidad. Los mismos son: *1. Fin de la pobreza, 2. Hambre cero, 3. Salud y bienestar, 4.*

Educación de calidad, 5. Igualdad de Género, 6. Agua Limpia y saneamiento, 7. Energía asequible y no contaminante, 8. Trabajo decente y crecimiento económico, 9. Industria, innovación y desarrollo, 10. Reducción de las desigualdades, 11. Ciudades y comunidades sostenibles, 12. Producción y consumo responsable, 13. Acción por el clima, 14. Vida submarina, 15. Vida de ecosistema terrestres, 16. Paz, justicia e instituciones sólidas y 17. Alianzas para lograr los objetivos.

Cuestionario

- ¿Cómo se puede mejorar los empleos de hoy utilizando los objetivos del desarrollo sostenible?
- ¿Cuáles son las problemáticas en el mundo del trabajo en el plano ambiental y cómo podemos afrontarlas (Ej. transición justa de la matriz productiva)?
- ¿Qué sistemas educativos se pueden promocionar con contenidos verdes atentos a la realidad que nos avecina, las problemáticas ya descriptas y analizadas en este capítulo?
- ¿Cómo se podría evitar nuestro consumo irracional y transformarlo en consciente y responsable? ¿Cuál es la responsabilidad de las empresas por la obsolescencia programada de los productos que fabrica?

Análisis

Para el análisis, se propone el siguiente párrafo de la Encíclica Laudato Si del Papa Francisco, donde se puede argumentar que no es solo una cuestión de trabajar por separado los ámbitos sociales y ambientales, sino que es una misma problemática:

139. Cuando se habla de «medio *ambiente», se indica particularmente una relación, la que existe entre la naturaleza y la sociedad que la habita. Esto nos impide entender la naturaleza como algo separado de nosotros o como un mero marco de nuestra vida. Estamos incluidos en ella, somos parte de ella y estamos interpenetrados. Las razones por las cuales un lugar se contamina exigen un análisis del funcionamiento de la sociedad, de su economía, de su comportamiento, de sus maneras de entender la realidad. Dada la magnitud de los cambios, ya no es posible encontrar una respuesta específica e independiente para cada parte del problema. Es fundamental buscar soluciones integrales que consideren las interacciones de los sistemas naturales entre sí y con los sistemas sociales. No hay dos crisis separadas, una ambiental y otra social, sino una sola y compleja crisis socio-ambiental. Las líneas para la solución requieren una aproximación integral para combatir la pobreza, para devolver la dignidad a los excluidos y simultáneamente para cuidar la naturaleza.*

¿Futuro de polución si no cambia la matriz productiva?

Reflexión y debate: *Sabiendo que la llamada COP 30 Conferencia de las Naciones Unidas sobre el cambio climático (Belém Brasil noviembre 2025) los países no se pusieron de acuerdo en cómo eliminar los combustibles fósiles.* ¿Cómo *se puede generar acciones concretas para caminar en este sendero?*

5. EL RESPETO DE LOS DERECHOS HUMANOS EN LAS EMPRESAS MULTINACIONALES Y EN TODA LA CADENA DE SUMINISTRO (DEBIDA DILIGENCIA ASEGURADA POR TECNOLOGÍA)

Las mochilas Randoseru

En un pequeño pueblo de Japón, una empresa llamada "Kiwichi" se dedicaba a confeccionar mochilas japonesas con una certificación de un sello de cumplimiento de estándares ambientales y sociales. Estas mochilas no solo eran funcionales y elegantes, sino que también estaban diseñadas para minimizar su impacto en el medio ambiente y respetar los derechos humanos de todos los involucrados en su producción a través de un sistema de trazabilidad con blockchain[38]*. Las mismas eran conocidas por su calidad y durabilidad excepcionales. Muchos estudiantes las utilizaban durante toda la primaria y algunas incluso duraban hasta 20 años o más, lo que las hacía una inversión valiosa y sostenible. Ellas traían un GPS, una bolsa reflectante vial para la noche, un cargador solar y tenían las cualidades de la flotabilidad y rigidez necesaria ante terremoto.*

Kiwichi seguía estrictamente las directrices de la debida diligencia en materia de derechos humanos, asegurándose de que todos los trabajadores involucrados en la cadena de suministro de la producción de las Randoseru tuvieran condiciones laborales justas y seguras. La empresa también se comprometía a respetar los derechos de las comunidades locales y a promover prácticas sostenibles con el medio ambiente. En este

[38] Blockchain: es una tecnología de registro digital descentralizado y distribuido que almacena datos en bloques enlazados secuencialmente en una cadena, de forma transparente e inmutable. Cada transacción se agrupa en un bloque, que se verifica y se agrega a la cadena existente, y una vez que se ha registrado, no se puede alterar ni eliminar. En lugar de depender de una autoridad central, la validez de los datos es confirmada por una red de participantes (nodos).

sentido, la cara visible de la empresa era un tierno capibara, animal roedor muy querido en Japón por su docilidad. En los bosques cercanos, este grupo de carpinchos se convirtió en embajadores de la marca. Ellos, conocidos por su amor a la naturaleza y su zambullón constante en las aguas termales, ayudaron a promover las mochilas sostenibles y a concientizar a la población sobre la importancia de cuidar el medio ambiente.

La Mochila con Cargador Solar

Una de las mochilas más populares de la empresa era la "Sakura", que venía equipada con un cargador solar integrado. Esta no solo era perfecta para llevar libros y útiles *escolares, sino que también permitía cargar dispositivos electrónicos en cualquier momento. Un día, una tormenta inesperada azotó el pueblo, causando cortes de energía, inundaciones y dificultades para comunicarse. Un grupo de niños que estaban en el bosque para una excursión se vieron atrapados. Uno de los niños, llamado Taro, llevaba consigo la Sakura. Gracias al cargador solar, pudo mantener su teléfono cargado y hacer una llamada de emergencia para pedir ayuda.*

Gracias a la llamada de Taro, los equipos de rescate pudieron localizar a los niños y llevarlos a un lugar seguro. La Sakura con la cara del capibara había sido fundamental para salvar al grupo. Un legado desde la historia de la mochila Randoseru se convirtió en un símbolo de la importancia de la sostenibilidad y la responsabilidad social empresarial. La empresa continuó innovando y mejorando sus prácticas, siempre con el objetivo de crear un producto sostenible, duradero y justo para las generaciones futuras. Taro cuando fue abuelo le regalo la mochila a su nieto como estaba pautado por costumbre, en un mundo donde todo ese efímero y del descarte permanente, la tradición, la cultura de la calidad y la leyenda se impusieron...

Introducción

"Privar a las personas de sus derechos humanos es poner en tela de juicio su propia humanidad".

Nelson Mandela

En el contexto actual, la debida diligencia se erige como una herramienta fundamental para garantizar el respeto de los Derechos Humanos en las grandes empresas y en toda su cadena de suministro. Este proceso permite a las compañías identificar, evaluar, prevenir, mitigar e informar sobre los impactos negativos, reales o potenciales, que puedan derivarse de sus actividades económicas, incluidas aquellas vinculadas a sus cadenas de suministro y otras relaciones comerciales globales, tal como lo establece la OCDE.

Este instrumento valioso y reconocido se encuadra en el marco de la responsabilidad social empresarial que los países adoptan en forma voluntaria u obligatoria, según sus plexos normativos vigentes. En la Unión Europea, ya hay leyes que regulan las actividades que involucran el cumplimiento de los derechos humanos de las multinacionales y su cadena de suministro. En países latinoamericanos, ya existen proyectos de ley que van en la misma dirección y que ya están siendo discutidos en los parlamentos.

En el marco de la economía de libre empresa y la apertura comercial global, el sistema de producción mundial establece normas mínimas para que en todos los países se respeten los principios básicos y rectores, como son los derechos laborales y ambientales. La mejora de la calidad de vida a nivel mundial se logra promoviendo reglas de juego comunes en el mercado para evitar la competencia desleal y mejorar la convivencia entre naciones. En este sentido, las nuevas tecnologías, como la cadena de bloques (blockchain), son herramientas importantes e innovadoras para asegurar la trazabilidad social y ambiental en cada etapa productiva de las empresas y sus cadenas de suministro globales. Estos sistemas de red descentralizada permiten la transparencia, trazabilidad social, seguridad e inmutabilidad de los datos de control.

Como custodio de estas tecnologías innovadoras, están surgiendo los consumidores responsables y sus ONG[39], que están prestando cada vez mayor atención al cumplimiento y monitoreo de los derechos a través de mecanismos independientes de control en toda la cadena de producción y suministro (Ejemplo: Campaña de Ropa Limpia en España o Maquila Solidarity Network con sede en Canadá). Las acciones de estas organizaciones incluyen operaciones de visibilización en los medios masivos de comunicación, petitorios mundiales en red e investigaciones sobre vulneraciones de derechos de las tercerizaciones productivas de grandes cadenas multinacionales.

Otro de los actores importantes, además de las organizaciones de consumidores, son los organismos públicos nacionales que se involucraron en la tarea de la certificación de la trazabilidad social mediante protocolos que muchas veces incorpora convenios y recomendaciones de OIT. Solo para nombrar algunos que están en esa dirección tenemos a la normativa al programa INTI de Compromiso Social Compartido

[39] ONG: Organización no gubernamental,

para el sector de Indumentaria[40], la normativa SA 8000, WRAP entre otras. En este sentido, la Organización Internacional del Trabajo ya en su declaración de los 100 años de su creación plantea: *"xiii) apoyar el* ***papel del sector público*** *como empleador relevante y proveedor de servicios públicos de calidad; fortalecer la administración y la inspección del trabajo; asegurar que las modalidades de trabajo y los modelos empresariales y de producción en sus diversas formas,* ***también en las cadenas nacionales y mundiales de suministro,*** *potencien las oportunidades para el progreso social y económico, posibiliten el trabajo decente y propicien el empleo pleno, productivo y libremente elegido".*

También en esa línea, están los acuerdos marco globales o en los acuerdos de comercio entre bloques económicos o países suelen incluir cláusulas de respeto por los derechos laborales reconocidos internacionalmente con raigambre en la OIT[41] (algunos de estos son: no al trabajo infantil, trabajo forzado, entre otros.) en la producción de las empresas y en toda su cadena de suministro. En este cuadro es importante remarcar el acuerdo de comercio e inversión reciproca reciente firmado en noviembre del 2025 entre Estados Unidos y Argentina donde en el punto trabajo dice:

"Argentina ha reafirmado su compromiso con la protección de los derechos laborales reconocidos internacionalmente. Además, adoptará e implementará la prohibición de importar bienes producidos mediante trabajo forzoso u obligatorio y fortalecerá la aplicación de la legislación laboral".

[40] Ver https://www.inti.gob.ar/areas/servicios-regulados/certificaciones/organismo-de-certificacion/tramites/compromiso-social-compartido Acceso 1/11/2025

[41] OIT: Organización Internacional del Trabajo.

6. CIBERPUNK, LA INFORMALIDAD Y PRECARIZACIÓN LABORAL MUNDIAL DE LOS "NUEVOS" EMPLEOS AUTOMATIZADOS

Taller Clandestino de ropa Inteligente en CABA

En un callejón estrecho de una ciudad bulliciosa, había un taller clandestino de ropa informal. El lugar era pequeño, con paredes de ladrillo a la vista y una puerta metálica que se abría solo para aquellos que sabían la contraseña. Dentro, el aire estaba saturado con el olor a tela recién cortada por cobot[42] *computarizados. En la unidad productiva se controlaba a los trabajadores mediante un ojo de inteligencia artificial para que no se escapen. Los miradores electrónicos escaneaban continuamente a los costureros, como un moderno pan* óptico *de Bentham, tratando de evitar revueltas y que se hablen o miren entre ellos.*

Más de 15 de costureros trabajaban allí, cosiendo prendas inteligentes de ropa con rapidez exigida. No había contratos formales, ni seguridad social, ni horarios fijos, ni descanso. Trabajaban bajo la supervisión de "Mamani x", un hombre serio que exigía eficiencia y silencio amenazándolos constantemente de traer ropa más barata importada de Bangladesh y dejarlos sin trabajo. Él *los había traído de Bolivia bajo mentiras de cobrar en "dólares" y tener una vida mejor pero apenas pisaron el barrio de Liniers las condiciones cambiaron drásticamente. En la unidad productiva convivían todas las profesiones y oficios, costureros junto a desarrolladores de aplicaciones para ropa inteligente, analistas de datos y diseñadores en integración entre la moda innovadora y el* ámbito *funcional.*

[42] Cobot: es un tipo de robot colaborativo diseñado para trabajar en conjunto con los humanos en un espacio compartido. Están armados para ser seguros, y fáciles de usar, los que les permite interactuar con las personas de forma amigable sin medidas de seguridad adicional.

Las máquinas cosían sin parar, las camisetas y pantalones volaban del taller con sistemas electrónicos de refrigeración incorporada para combatir el cambio climático y colores vibrantes que cambiaban de color según el estado de ánimo *y stress del usuario. Los trabajadores recibían un pago por prenda terminada, trabajando 12 horas para cumplir con los pedidos y tenían un solo descanso custodiado para ir al Parque Avellaneda los domingos tres horas. En el taller se entrelazaban la tecnología avanzada de micro-controladores cardiacos para indumentaria de runners y los trabajadores informales de la primera revolución industrial como un retroceso humano propio de la era Ciberpunk.*

Una noche, cuando los trabajadores ya se habían ido y el taller estaba vacío, un cortocircuito en una de las máquinas de coser provocó un incendio. Las llamas se propagaron rápidamente por la unidad productiva lleno de telas, chips y materiales inflamables. Los bomberos llegaron pronto, pero el daño fue considerable. El lugar quedó reducido a cenizas. Los trabajadores, aunque ya no tenían trabajo, se reunieron para discutir y reflexionar cómo habían sido sus condiciones laborales. Algunos hablaron de buscar empleo en empresas registrados con mejores condiciones y cambiar sus vidas para siempre.

Introducción

"El capitalismo ha muerto, tenemos uno tecno feudal".

Yanis Varoufakis

La complejidad de las relaciones laborales en los sectores de Informalidad laboral: son, muchas veces, reconocer al mundo del trabajo como el resultado de las interacciones entre el empleo nacional e internacional, y de las transformaciones que resultan de ese intercambio. Esto implica comprender que la problemática del trabajo no registrado está compuesta por los actores vivos que se interrelacionan y se establecen entre ellos alteraciones dinámicas en sus condiciones originales de contratación ya que el dumping social[43], los niveles alto de trabajo sumergido, la rotación constante de empleados, la descomposición atomizada de unidades productivas muy pequeños, sin fuerza de negociación, y con estándares mínimos de sindicalización hacen que la realidad actual de gran parte de los trabajadores sea insostenible en muchos países. Estos ejes son centrales para comprender la compleja trama tejida nacional de relaciones laborales en Argentina que conforman más del 43,2% de informalidad en el año 2025[44].

Las actividades más afectadas por esta problemática son la construcción, los trabajadores del agro, el servicio doméstico, el aparado de calzado, la indumentaria, los servicios de venta, los trabajadores de la economía del cuidado y del conocimiento, entre otros rubros. Este hecho se agrava al considerar que los canales de crecimiento del sector informal van en aumento a nivel mundial, lo que genera un panorama de expansión de los trabajadores fuera de las relaciones laborales formales.

Si aplicamos una analogía de la Ley de Gresham, que establece que *"la moneda mala se come a la buena"*, podemos entender que algunos empleadores prefieren evadir impuestos y cargas patronales para bajar costos, lo que incrementa la precariedad en la demanda de mano de obra. Esto genera circuitos negativos donde se fabrica, produce y comercializa todo de manera no registrada, perpetuando la informalidad y la desigualdad (un mundo laboral de incluidos y excluidos del sistema).

Cuidar la sustentabilidad de la industria que genera mano de obra intensiva, es reconocer el intrincado tapiz productivo que nos envuelve, y, desde esa comprensión, fomentar la valoración del trabajo digno y formal, tal como lo propugna la OIT. Es adentrarse en el laberinto de la informalidad, donde los hilos de la precariedad se entretejen con la

[43] Dumping social: es la práctica de una empresa de reducir costos laborales aprovechándose de una legislación laboral menos estricta en otro país para ofrecer precios más competitivos. Esto se logra mediante salarios bajos o condiciones de trabajo inferiores a las leyes o convenios colectivos, y puede incluir el traslado de producción o la contratación de mano de obra migrante mal remunerada.

[44] Ver https://www.ambito.com/economia/empleo-informal-argentina-alcanzo-el-432-el-segundo-trimestre-2025-el-nivel-mas-alto-2008-n6195774. Acceso 28/09/2025

historia y la causalidad múltiple, para comprender que el problema es, en realidad, un espejo que refleja la complejidad de nuestra sociedad desigual donde muchos tienen poco y pocos tienen mucho.

Atacar este problema implica, entonces, una suerte de arqueología del trabajo, un descifrar de los signos que configuran la economía informal, y, desde allí, diseñar políticas públicas que, como un bisturí, corten los nudos de la desigualdad. Es, en suma, transformar los efectos adversos en circuitos de valor agregado, y, en ese gesto, crear un futuro donde el trabajo sea, no un yugo, sino un camino hacia la dignidad. Para este fin vamos a dar diferentes lineamientos al final del capítulo.

Formar generaciones donde las novedosas labores de la economía de la nueva era que se van a crear tenga marcos de legalidad laboral. En este libro hemos detallado como los trabajadores de la economía del cuidado y conocimiento o los de plataformas digitales se encuentran subsumidos en la precariedad constante con lo que este fenómeno negativo implica para la sociedad en su conjunto. En la empleabilidad moderna que se materializa a partir de aplicaciones tecnológicas se debate si la relación laboral que muchos conocemos históricamente se reemplaza por el emprendurismo y "*Ser tu propio jefe*". Algunos autores[45] hablan de la llegada del tecno-feudalismo argumentando que el capitalismo tradicional ha sido reemplazado por un sistema de grandes corporaciones que controlan datos e infraestructura digital maximizando sus ganancias.

En este sentido, los jóvenes no tienen arraigado ni experiencia del estado de bienestar que impero fuerte en la década del 40 a fines de los 70, donde los derechos laborales y sociales eran una manifestación cotidiana que se expresaba en la relación laboral de dependencia y daba como fruto el artículo 14 bis[46]. Para dar una versión acabada de esta

[45] Ver la teoría del economista Yanis Varoufakis sobre la temática del tecno-feudalismo y como los mercados tradicionales son reemplazados por las plataformas digitales globales. El capitalismo clásico, basado en la producción y la ganancia, ha mutado hacia uno que se centra en el control de infraestructuras digitales y la extracción de datos. Esto le permite extraer rentas de los usuarios y los trabajadores.

[46] El artículo 14 bis de la Constitución Nacional Argentina protege los derechos de los trabajadores, estableciendo que el trabajo en sus diversas formas gozará de protección legal.

etapa es importante leer los pilares y principios del Constitucionalismo Social[47].

El rol del Estado en una sociedad input-output

El diálogo de conocimientos entre los diferentes actores y sus perspectivas supone que, para construir un ambiente de propuestas que aborden la problemática de la clandestinidad laboral, se requiere una comunicación efectiva con las demandas de los diversos sectores para generar soluciones conjuntas a través del diálogo social. Como experiencia nacional interesante de un ente público, desde el año 2005, el INTI (Instituto Nacional de Tecnología Industrial) ha estado investigando y estudiando el tema de la informalidad en la industria de indumentaria/calzado, ya que es un obstáculo significativo para el desarrollo y el crecimiento del sector industrial. El organismo público ha creado un programa de certificación de condiciones laborales denominado Compromiso Social Compartido para el sector de Indumentaria.

Es fundamental que el Estado se involucre en la problemática, ya que hay estadísticas oficiales que vinculan la pobreza con el trabajo no registrado. El combate de la informalidad laboral generará condiciones de calidad de vida para miles de ciudadanos que no tienen acceso a derechos básicos. En este sentido, se va generando una sociedad de incluidos dentro del sistema (con derechos) y excluidos del mismo (sin derechos), fortaleciendo un sistema Ciberpunk donde conviven realidades disrup-

---

Asegura derechos como condiciones dignas, jornada limitada, salario mínimo, vital y móvil, y vacaciones pagadas. También garantiza la participación en las ganancias, protección contra el despido arbitrario y el derecho de organizar sindicatos, recurrir a la conciliación y el derecho a la huelga entre otros. Además de los derechos sociales como jubilación y acceso a la vivienda digna etc.

[47] El constitucionalismo social en México (1917) y Weimar (1919) representa un cambio de paradigma en el derecho constitucional, donde las constituciones ya no solo limitan el poder del Estado, sino que también lo obligan a ejecutar políticas públicas para garantizar el bienestar de los ciudadanos, incluyendo derechos sociales, laborales, económicos y culturales. México es reconocido por ser pionero en este movimiento, mientras que la Constitución de Weimar consolidó la idea y tuvo un mayor impacto inicial en Europa fortaleciendo los principios de justicia social.

tivas y distópicas, con la mezcla de tecnología de última generación y marginalidad laboral, como se describía anteriormente en la historia.

Como señala Lucas Ronconi, investigador de la problemática, cuando desarrolla la informalidad laboral ¿Qué se puede hacer? Los efectos negativos son varios, por ejemplo: como **excluido** reaccionar negativamente contra el estado o a la sociedad *"el bajo nivel de cumplimiento de la normativa laboral y la seguridad social tiene un conjunto de implicancias: Primero: los trabajadores informales son en su mayoría los de menores ingresos, lo cual lo excluye del sistema contributivo de protección social justamente a aquellos que más lo necesitan, profundizando la desigualdad, segundo la falta de cumplimiento con la normativa corroe la noción de Estado. Tercero, la no registración laboral puede venir acompañada de incumplimiento de normas de seguridad e higiene, los cuales aumenta las posibilidades que los trabajadores sufran accidentes laborales, precisamente los mismos que no cuentan la cobertura adecuada en caso de producirse el infortunio. Cuarto, desde el punto de vista fiscal, la evasión de aportes y contribuciones a la seguridad social lleva a la menor recaudación y el truncamiento del sistema. Quinto, la informalidad laboral genera una ineficiente asignación de recursos, menor productividad y competencia desleal entre las empresas.* ***Sexto, el asalariado no registrado– al no recibir los beneficios que la ley indica-puede reaccionar negativamente contra el estado y la sociedad, tornándose menos propenso a cumplir con sus responsabilidades cívicas'***[48].

Para dar datos concretos sobre la relación entre el trabajo informal y la pobreza, en este contexto desigual, vamos a presentar algunas estadísticas. Según el último estudio realizado por el ***Instituto Interdisciplinario de Economía Política (IIEP-UBA),*** el 40% de los ocupados informales percibe un salario mensual por debajo de la canasta básica individual (línea de pobreza). La mayoría de los jóvenes son los más

[48] Rodrigo Zarazaga S.J. Lucas Ronconi (2017) "*Conurbano Infinito, actores políticos y sociales, entre la presencia estatal y la ilegalidad*: Editorial Siglo 21, página 121.

afectados; este segmento representa el 63% del total de trabajadores no registrados. En el orden del sistema productivo, las empresas más chicas son donde hay mayor informalidad laboral en relación con las más grandes. Además, se observa un dato relevante en cuanto a la educación: a mayor nivel formativo, menor precariedad

Líneas de acción para abordar la problemática:

1) **Educación para el consumo sustentable, una herramienta transformadora**

   Generar un sello social/ambiental que traccione desde la compra la formalización de las empresas y toda su cadena de suministro. Desde los más jóvenes (generación Z) que cada vez tienen más compromiso con los pilares sociales y ambientales podemos articular consumo responsable para el cumplimiento de los derechos humanos. Una herramienta digital de trazabilidad social puede garantizar primero la veracidad y atributos del producto y las condiciones de trabajo de las cuales fueron fabricada la misma dando poniendo en valor a la misma.

2) **Ampliar el cumplimiento a las licitaciones públicas**

   A todas los proveedores que le venden al Estado Nacional (sector público) y de las multinacionales de otros rubros (Sector privado) (ejemplo: golosinas, mineras, petróleo, agroexportadoras) se les solicite documentación laboral para que a partir de la compra institucional poder traccionar al cambio productivo y registrar a los trabajadores de las empresas involucradas. En ese sentido el INTI junto al Ministerio de Defensa tienen experiencia en la temática[49].

3) **Llegar al SEA (Sistema Educativo Argentino)**

   A través de videos, libros, publicaciones, contenidos digitales explicar lo importante de fomentar el empleo decente y sustentable

[49] Ver https://www.comunicarseweb.com/biblioteca/avanzan-las-compras-responsables-en-el-estado Acceso (1/11/2025)

para una sociedad sin trabajadores excluidos. En esta tarea los alumnos pueden, desde los ámbitos educativos, comenzar con el cambio cultural y generacional privilegiando los derechos laborales, sociales, de consumidores y ambientales entre otros.

4) **Fomentar líneas de financiamiento**

Es fundamental que diferentes actores, como la OIT, el Estado nacional y la banca privada, trabajen juntos para fomentar el cumplimiento de los derechos. Una forma efectiva de lograr esto es hacer que el acceso al crédito o financiamiento esté condicionado al cumplimiento de estas prerrogativas legales.

Esto generaría un cumplimiento legal por parte de las empresas, lo que a su vez garantizaría la protección de los derechos de los trabajadores y el medio ambiente. También se reducirían los pasivos de juicios laborales y/o ambientales, lo que beneficiaría a las empresas y a la sociedad en general.

En la recomendación 204 de la OIT sobre la transición entre el trabajo informal al formal manifiesta *d) mejorar el acceso a servicios financieros inclusivos, como el crédito y los capitales, los servicios de pago y de seguros, el ahorro y los sistemas de garantía, adecuados al tamaño de estas unidades económicas y a sus necesidades;*

Conclusión Final

En esta época contemporánea de nuevos trabajos, se discute y debate en el mundo qué nivel de protección y derechos laborales se van a respetar. Más de la mitad de los trabajos globales se realizan en condiciones de precarización laboral absoluta, lo que genera marcos teóricos de nuevas síntesis para abordar la problemática.

Siguiendo este pensamiento, hay varias tendencias en disputa: la primera es la tradicional, donde se considera que la legislación vigente debe ampliarse a la creación de nuevos trabajos; la segunda es que, ante nuevas realidades, debe armarse un plexo normativo por cada actividad que se vaya generando, debido a las características especiales de cada empleo de la era tecnológica; la tercera es discutir pisos básicos de protección desde reformas laborales denominadas flexibilización laboral[50]; y la última es que todo quede en manos del mercado, sin injerencia del Estado y que se auto-regule con la oferta y demanda de trabajo, con exclusión total de derechos y sujetos colectivos (como un sindicato), propio de la revolución industrial, donde imperaban fuertes desigualdades e injusticias sociales que daban como resultado manifestaciones sangrientas. Un ejemplo de la historia es que las primeras revueltas se dieron para pedir por un derecho básico como la jornada limitada de trabajo[51].

> **Reflexión y debate:** *Sabiendo las características que tiene el estilo Ciberpunk y como se instala como forma de vida,* ¿Cómo *podemos hacer un mapa de nuestro barrio para detallar elementos para abordarlos en forma comunitaria?*

[50] Flexibilización laboral: es un conjunto de reformas que buscan adaptar las normas y condiciones de trabajo a las necesidades de las empresas, permitiendo mayor libertad en horarios, lugar de trabajo y tareas, salarios por productividad y reducir costes, aunque también puede implicar la pérdida de derechos y la precarización. Muchas veces incluye normativa de fragmentación del movimiento obrero organizado.

[51] Los Mártires de Chicago fueron obreros ejecutados tras la revuelta de Haymarket en 1886, que luchaban por la jornada laboral de 8 horas, 8 horas para descansar y 8 horas para vivir.

7. EL ROL DE LOS SINDICATOS Y LA NEGOCIACIÓN COLECTIVA DE TRABAJO EN UN ENTORNO COMPLEJO

Desconexión digital

Trabajadores Digitales Unidos (TDU) era un sindicato que incluía las actividades como desarrolladores, programadores, diseñadores y analistas de datos que trabajaban en un grupo empresarial para varias firmas de tecnología. A pesar de su alto nivel de expertis y la demanda de su trabajo, muchos miembros estaban descontentos con sus condiciones laborales, sobretodo el tema más preocupante era que tenían que estar muchas horas conectados alienados a la maquina como una plaqueta más...

Un día el gerente general de la empresa comunico que debido a la automatización de varias tareas, se decidió hacer una fuerte reestructuración de la firma y eso se traduciría en menos puestos de trabajo. Los trabajadores ya cansados de tanto maltrato se organizaron gremialmente y resolvieron realizar una huelga. Mediante una asamblea virtual votaron para desconectarse de sus computadoras todos al mismo tiempo. En el petitorio elaborado pedían mejorar sus condiciones de trabajo, los puntos eran:

–Aumento salarial: Los trabajadores sentían que sus salarios no estaban a la par con la industria, considerando las largas horas y la complejidad de sus tareas.

–Falta de equilibrio trabajo-vida: La presión constante para cumplir con deadlines ajustados les dejaba poco tiempo para la vida personal. La conexión era permanente durante todo el día.

–Reemplazo por la automatización de tareas: Solicitar a la empresa un plan detallado de la misma y como impactaría en los puestos de trabajo existentes.

La Huelga de Trabajadores Unidos Digitales

Los miembros de Trabajadores Unidos Digitales (TUD) decidieron durante las medidas votadas en asamblea virtuales por sistema de plataforma realizar diferentes acciones:

–Paro de actividades digitales: Los trabajadores se abstuvieron de trabajar en proyectos críticos durante cuatro días, afectando la capacidad de las empresas para cumplir con sus compromisos ya asumidos con los usuarios.

–Comunicados y visibilidad: El sindicato organizado por especialistas en el tema utilizó medios de comunicación para visibilizar sus demandas y ganar apoyo en la opinión pública. Además de comunicarse con figuras reconocidas e influencer para sostener la causa, arrancaron la campaña con el hashtag ***"sin trabajadores digitales no hay imágenes"*** *conociendo que el mundo se mueve con las selfies constantes...*

Los más jóvenes acompañaban el conflicto día a día y se unía en marchas junto a los trabajadores gritando ¡Queremos *selfies!* ¡Queremos *filtros!* ¡Queremos *likes! ¡Queremos contenidos para nuestro Facebook o Instagram!". Una multitud se había reunido enardecida para protestar por la falta de contenidos digitales en la plaza principal.*

La huelga digital duro cuatro días y ante la inminente profundización del plan de lucha y el miedo a la reacción rabiosa de la sociedad acostumbrada a scrollear[52] *contenidos, la empresa multinacional decidió convocar al gremio y darles los siguientes beneficios:*

Acuerdos parciales: Algunas empresas del grupo económico acordaron revisar las políticas salariales y las extensas horas laborales.

[52] Scrollear: Deslizar el contenido de una pantalla hacia arriba, abajo o lateralmente para ver información e imágenes.

Otras se comprometieron a implementar programas de bienestar para los empleados y periodos de desconexión laboral.

Como resultado de las medidas se incrementó la conciencia sobre la unión hace a la fuerza y aumentó el compromiso sobre la importancia de condiciones laborales justas en la industria tecnológica y la implicancia de la misma en la vida familiar. Con las acciones se logró el fortalecimiento del sindicato: Trabajadores Digitales Unidos ganó más afiliados y apoyo de la sociedad después de su lucha. Nuevamente la sociedad tendría imágenes y la gente salió a la calle a festejar como si se hubiera ganado el mundial...

Introducción

"No hay trabajadores libres sin sindicato" Papa Francisco

Con la llegada de cada revolución, la misma trae cambios profundos en todos los actores colectivos de una sociedad. Las empresas, los sindicatos, las organizaciones no gubernamentales son modificadas por las nuevas formas de relacionarnos que estos procesos conllevan. Los fenómenos que hoy muestra la realidad actual traen consigo la extremada globalización mundial, trabajadores nómades digitales, automatización, los nuevos empleos por medio de robot, apertura de capacitación y formaciones continuas por plataformas, atomización del trabajo colectivo al individual (Ej. Tele-trabajo).

En este contexto descripto, la organización de trabajadores tiene elementos fundacionales en común, como lo colectivo, las luchas históricas e internacionales, que tienden a sufrir adaptaciones críticas propias de la época. En este marco, a finales de la década de los 70, se comenzó a incrementar fuertemente la informalidad laboral (dejando a miles de trabajadores sin sindicalización) debido a la descentralización y tercerización productiva.

En este proceso, muchas confederaciones y centrales obreras se quedaron con el esquema propio del fordismo[53], en esa etapa, las empresas eran voluminosas con escasa tercerizaciòn y se tendía a la especificidad como fomento de ascenso convencional y movilidad social. Otros sindicatos prefirieron diferenciarse y decidieron crear organizaciones de nuevo orden como la CTA (Central de Trabajadores de Argentina), donde los nuevos sujetos como los trabajadores informales, los desocupados, los feriantes, los jubilados etc. tuvieran un lugar desde la afiliación, participación y pertenencia.

Solo en Argentina, el empleo no registrado está rondando el 43,2% según estadísticas oficiales. En este aspecto, si sumamos a los trabajadores desocupados, casi la mitad de los trabajadores están totalmente en la informalidad sin ninguna representación gremial ni clase de derechos laborales ni sociales (Ej.: ya que hasta para alquilar un inmueble te solicitan un recibo de sueldo). Como dice Mercedes Cabezas (secretaria adjunta de ATE[54]), *"resolver la informalidad laboral es una forma de terminar con la precariedad de la vida".*

Hoy en día el entorno es complejo, cambiante año a año, y con una vorágine de mutaciones debido principalmente a que el trabajo con las características que lo conocíamos pasa a tener ribetes de individualidad extrema, falta de humanización por la automatización e incremento cada vez más plausible de falta de derechos laborales con la "nueva" cultura impuesta de ser micro-emprendedor. Solo con dar un ejemplo concreto, en algunas sociedades como la nuestra, hay trabajadores 5.0 hiper-tecnològicos con ordenamientos jurídicos propios de la revolución industrial donde se ofrecía el libre juego de la oferta y demanda del mercado de trabajo (ej.: creadores de apps).

En este sentido, es importante remarcar las cuatro relaciones históricas que se imponen desde la producción:

[53] Para ampliar los conocimientos y detalles de la etapa Fordista ver "Tiempos Modernos" de Charles Champlin.

[54] ATE: Asociación Trabajadores del Estado.

1) Trabajador-producto elaborado: en la transformación artesanal, con un fuerte expertise de oficio, se cubrían todos los procesos, desde el primero al último.
2) Trabajador-máquina: a partir de la Revolución Industrial, se introduce tecnología que incrementa los tiempos de productividad, alienación y requiere especificidad en la tarea.
3) Máquina-producto: el aparato automáticamente realiza y controla las operaciones del proceso técnico, por lo que la persona ya no efectúa un control directo de los materiales ni sobre el tiempo de cada operación, sino que se limita a la supervisión del proceso, el mantenimiento y diseño del programa.

El reto para el futuro cercano, con la Revolución 5.0, es si aparecerá un cuarto estadio: hombre-robot, donde por medio de la automatización y la relación colaborativa, se controlará la producción y habrá un solo supervisor humano para controlar la calidad de la tarea de estos nuevos "actores"[55].

El mapa del mundo del trabajo se complejiza con la evolución de estos estadios comentados anteriormente: problemáticas como el empleo hibrido, la comunicación digital, la territorialidad comunitaria, el pluriempleo, la auto-explotación va a hacer nuevas identidades laborales que los gremios deben afrontar con estrategias e inteligencia colectiva las nuevas realidades que surgen[56].

[55] Co-robot: es un robot colaborativo diseñado para trabajar junto a humanos de manera segura en un espacio de trabajo compartido. Su objetivo es automatizar tareas repetitivas, pesadas o peligrosas, liberando a los trabajadores para que se enfoquen en actividades más estratégicas.

[56] Ver "Soy profesor estatal, pero tengo mi OnlyFans" Acceso 29/06/2025 https://www.infogremiales.com.ar/soy-profesor-estatal-pero-tambien-tengo-mi-onlyfans-el-nuevo-mapa-del-trabajo-en-la-argentina-precarizada-entre-changas-criptos-y-plataformas/

Desafíos colectivos para la regulación y la protección laboral

¿Quién es mi patrón y cuántas horas trabajo?

Los empleadores pasan a hacer algoritmos o descentralizaciones impersonales que no tienen las características de los antiguos empleadores. En este sentido, la individualización del patrón "invisible" hace que se necesite reinventar nuevas formas de organizar la fuerza de trabajo colectiva y masiva. Según un informe de la Organización Internacional del Trabajo (OIT) *titulado Perspectivas Sociales y del Empleo en el mundo del trabajo 2021,* las plataformas digitales se han multiplicado por cinco en los últimos diez años. El número de plataformas en línea basadas en la web y en la ubicación y en ubicación (servicios de taxi y reparto) aumento en 142 en 2010 a más de 777 en 2020.

También en esta revolución cambian las jornadas de trabajo, desde lo remoto de las latitudes de conexión o los cambios de horario, producto de que la casa matriz tiene un huso horario y el trabajador otro. Aparecen "nuevas-viejas" luchas gremiales, como la jornada de trabajo limitada. Producto de esto, se hace común peticionar la desconexión digital. Solo para dar un ejemplo, la primera reivindicación obrera fue esa y se plasmó en el Convenio 1 de la OIT de 1919, año en que se creó el organismo.

Medidas de acción directa re-pensadas

En este contexto de cambio permanente, las medidas de acción directa deben ser repensadas e innovadas; por ejemplo, mediante interrupciones de la conexión a las diferentes plataformas, podemos reclamar nuestros derechos a través de los famosos paros digitales programados. Otro caso es cómo los gremios internacionales presionan con acciones concretas en el país de origen de las multinacionales debido a violaciones de derechos laborales en otros Estados donde tercerizan su producción.

Trabajar en red será una constante debido a la globalización de los procesos productivos en toda la cadena de suministro. Para eso, herramientas mínimas de respeto por los derechos tendrán una fuerte impronta en el mundo del trabajo. En este nuevo orden, liderarán los acuerdos marcos globales, la promoción y fomento de la debida diligencia por parte de sindicatos transnacionales, el incremento de mesas de negociación colectiva transnacional y los futuros plexos normativos emanados de organismos mundiales, entre otros.

La idea de que, como el capital se expande, también las fuerzas de trabajo organizadas se deben globalizar, va a ser una constante de los gremios en todo el planeta. Para dar una sola muestra en esta línea, después de la tragedia del derrumbe de una fábrica de ropa sucedido el 24 de abril de 2013 en Rana Plaza, donde murieron más de 1100 trabajadores, se creó el Acuerdo de Bangladesh, un compromiso internacional para mejorar la seguridad laboral en la industria textil de ese país. El mismo tiene los siguientes pilares: mejorar los estándares de seguridad, inspecciones independientes, capacitación y remediación, y por último, el más importante, que es el involucramiento de las marcas mundiales del sector para exigirle a sus proveedores el cumplimiento de esta normativa.

Oportunidades para la innovación, capacitación y el crecimiento industrial

En este marco de nuevas realidades, pensar desde los sindicatos en capacitación y formación en todos estos 9 desafíos es el puntapié global para diseñar sistemas de educación a largo plazo. Las nuevas generaciones de delegados gremiales, sedientas de nuevos contenidos, van a impulsar transformaciones importantes en este mundo nuevo del trabajo. Para dar un ejemplo, UTEDYC (Unión de trabajadores de la Educación y la Cultura) están a la vanguardia de estas formaciones y han implementado estrategias para abordar los desafíos de la industria 4.0.

La OIT (Organización Internacional del Trabajo) dio, al cumplir 100 años de su creación, un documento muy valioso donde plantea aumentar la inversión en las capacidades y habilidades de las personas, las instituciones del trabajo y, por último, la inversión en trabajo decente y sustentable (este principio ambiental fue incorporado en varios acuerdos empresariales-sindicales por intermedio del diálogo social). Este manifiesto nos lleva a reinventar nuevas competencias para la economía verde, la del conocimiento y, sobre todo, aptitudes e ideas para los avances tecnológicos. Solo para dar un modelo valioso en estos ejes, es importante la política pública que generó Portugal para traer a los trabajadores nómades digitales de la Unión Europea a su territorio, fomentando la capacitación necesaria en igualdad de condiciones por intermedio de cursos financiados, además de morigerar los trámites de visa y promover derechos laborales como la desconexión digital. Actualmente, se calcula que hay más de 15.000 trabajadores viviendo solo en Lisboa.

Ampliar los círculos de representación

La nueva era trae nuevos sujetos colectivos y problemas particulares de la época y ante esto debe ser apoyado por nuevas formas de organización de los sindicatos. El aggiornamiento a nuevos modelos de representación es clave ante un mundo de modificaciones continuas y transformaciones. Fomentar la participación y la inclusión son dos de los pilares en esta construcción, asegurase que todos tengan voz y voto en la toma de decisiones colectivas. Acá dejamos tres elementos para analizar que nos permite la tecnología y la globalización: 1) Plataformas digitales de participación, 2) alianzas con diferentes actores, 3) nuevas estrategias de negociación colectiva.

1) Plataformas digitales: Desde la creación de la especie humana nunca estuvimos tan conectados y es una oportunidad histórica para los sindicatos poder aprovechar esta realidad para fomentar la participación, el compromiso y las nuevas formas de realizar

reclamos y petitorios. La sociedad digital nos ofrece novedosas herramientas comunicacionales[57].

2) Alianzas con diferentes actores: Desde los sindicatos se puede aprovechar todas las organizaciones de nuevo orden que se van creando. En este sentido es importante remarcar que las ONG ambientales van a ser clave para el proceso de transición justa[58] que se viene a nivel mundial. El ODS 17 es pro-activo en este marco y generar lazos de unión de fuerzas es importante ante la globalización del capital.

3) Nuevas estrategias de negociación colectiva: Incorporar en los convenios cláusulas de innovación, creatividad y formación atento a los cambios que trae la revolución 5.0 fomentando las habilidades digitales y técnicas. En el proceso de transición justa del proceso de cambio de matriz de producción contaminante a matriz limpia será necesario armar acuerdos a través del dialogo social.

Reflexión y debate: *Sabiendo que según la Confederación Sindical Internacional (CSI), solo el 6% del empleo en las cadenas mundiales de suministro de 50 grandes empresas multinacionales es directo; el 94% restante corresponde a mano de obra tercerizada.* ¿Cómo *pueden hacer los gremios para representar a los trabajadores "ocultos" en esta especie de "producción mamuschka" a nivel mundial?*

[57] Como las que se vieron en el relato "Desconexión digital".

[58] La transición justa: es un enfoque integral para la transición hacia una economía más sostenible y baja en carbono, que se centra en minimizar los impactos negativos y maximizar los beneficios sociales, económicos y laborales. Implica la participación activa de gobiernos, empresas y trabajadores para garantizar que nadie se quede atrás, especialmente las comunidades y sectores más vulnerables. Las medidas clave incluyen la formación profesional, la creación de empleos verdes y el diálogo social, asegurando que los derechos laborales y la cohesión social no se vean comprometidos. Fue un concepto propuesto por los sindicatos estadounidenses, como el Sindicato de Trabajadores de la Industria Petrolera, Química y Atómica (OCAW), para proteger a los trabajadores afectados por nuevas regulaciones ambientales, como las de contaminación del aire y del agua.

8. LA SALUD MENTAL EN LA NUEVA ERA DE LA DEPENDENCIA TECNOLÓGICA

El "juego" que no juego...

Ya tenía mi primer empleo, que me costó conseguir como todo joven sin experiencia, quería terminar mi tarea en mi torno para entrar y poder apostar, dejaba todo de lado por esa necesidad... Mi vida había cambiado ese 24 de Abril de 2021 donde gane 400.000 pesos y desde allí se había trasformado en un infierno más profundo... Quería más y más, siempre terminaba perdiendo, ese bonus nunca llegaba y cada vez quería jugarme todo aumentando el monto, duplicando, triplicando, cuadruplicando mi apuesta... las manos me temblaban con cada toque de pantalla, mi billetera virtual quedaba vacía, los préstamos eran cada vez mayores, el olvido del dolor al entrar en las apuestas me generaba un placer que nada ni nadie podía suplantar...

En el medio de la jornada laboral, me iba al baño para esconderme y arrancaba mis vicios, la mayoría de las veces perdía y volvía a la máquina fría con una culpa fuerte que no me dejaba concentrarme en la tarea, mis compañeros me preguntaban qué pasaba pero yo con un nudo en la garganta no podía comentarles mi debilidad, me daba vergüenza...

Solo pensar que mi mejor amigo me haya invitado a jugar me generaba la bronca de haberme metido en este espacio a-social donde solo estás vos y la pantalla. La mentira se me había hecho cotidiana, mi mundo ya no era mi mundo y yo no habitaba en él. *Solo quería jugar, jugar y llenar esa pérdida dolorosa y profunda de la vida que no me dejaba ser feliz y me azotaba todas las noches al acostarme...*

Mi entorno eran las apuestas y todos los apostadores que podían sentir como yo, mis evaluaciones anuales laborales bajaban raudamente y mi jefe me preguntaban que me pasaba y por donde estaba ya que mi vida se había extraviado en ese celular, mis horas eran jugadas y más jugadas... en los días de lluvia esa necesidad de escaparme y alienarme se hacía mucho más fuerte...

El juego que no juego se apoderaba de mi historia, de mi existencia, de mis horas, mis deseos, era mi compañía... pero el vacío crecía día a día... Mi superior al darse cuenta de mi bajón en el trabajo me llevo a su oficina y pudimos charlar, le pude contar todo y desahogarme, a partir de allí arranque terapia y un fuerte acompañamiento organizacional que hizo que me pueda alejar de la adicción por un tiempo. Hoy sigo con la terapia y mi vida había cambiado para siempre gracias a ese terapeuta el Dr. Jeison...

Introducción

"La tecnología es importante, pero lo **único** *que realmente importa es qué hacemos con ella".*

Muhammad Yunus

Según la **OMS** (Organización Mundial de la Salud), la salud se define como *"un estado de completo bienestar físico, mental y social, y no solamente la ausencia de enfermedad u dolencia"*. Esta definición se estableció en la constitución del organismo en 1946 y es aceptada por todos los países como fuertes estándares de salud en la población. Los factores que inciden en la misma son:

- Factores biológicos: genéticos, nutricionales
- Factores ambientales: contaminación de aguas y del aire, exposición a sustancias químicas, etc.
- Factores sociales y económicos: acceso a la educación, empleo, ingresos, etc.

- Factores psicológicos y emocionales: estrés, ansiedad, depresión, etc.

Las adicciones afectan fuertemente los pilares sobre nuestra salud y se conjugan en afectar varios factores al mismo tiempo. La alienación como **pérdida** de autonomía, identidad, conexión con la realidad y relación con los otros nos puede llevar a una fuerte sensación de vacío, desorientación, alienación y desesperanza. Muchos autores hablan de que las pérdidas de la vida se trasforman en pérdidas en los juegos.

Actualmente la ludopatía está en pleno crecimiento en la edad etaria más joven de nuestro país como problema principal en los secundarios educativos. Este fenómeno es global y Argentina no escapa de las consecuencias nefastas de este flagelo. Los docentes no saben cómo abordar la problemática que se desarrolla entre los alumnos, las campañas son fuertes para alentar la adicción y los controles son bajos o nulos. Según estadísticas de la Provincia de Buenos Aires, uno de cada cinco adolescentes de 12 a 19 años apuesta[59].–

Detrás de cada plataforma de juegos online se esconde, con la inocencia de una *"diversión"*, un posible camino al infierno, al que muchos jóvenes se sumarán con estas prácticas y se alejarán de sus afectos, familiares y amigos, con la ilusión de alguna vez ser ricos, sin darse cuenta de los costos que esto implica. El título del relato es ***"El juego que ya no juego…"*** porque esclaviza la voluntad y la libertad. Este tipo de adicciones debe ser abordado por políticas públicas fuertes, con la participación de terceros, materias claves en la secundaria como construcción ciudadana o educación cívica, y amalgamar las instituciones con la familia para poder detectar rápidamente la problemática y que puedan intervenir los profesionales en la materia. Según una investigación federal realizada a 231 escuelas de 16 provincias por el

[59] Ver https://www.eldestapeweb.com/sociedad/provincia-de-buenos-aires/ludopatia-en-pba-uno-de-cada-cinco-adolescentes-hace-apuestas-online-20241216151247?utm_medium=paid&utm_source=Google&utm_campaign=DSA_Dinamico7&gad_source=1&gclid=Cj0KCQiA19e8BhCVARIsALpFMgF6iAwvVi8cvKLP-I2InHU3g0pMky9WSWDChnPQi-73LkMG966AwO9AaAgjiEALw_wcB

Observatorio Humanitario de la Cruz Roja, el 60% de los adolescentes está expuesto a las apuestas online.

Hoy en día muchos autores hablan que somos *"prisioneros del me gusta"* de las redes sociales y que la misma nos afecta en nuestra forma de divertirnos, compartir y vivir, nunca la sociedad en su historia estuvo tan pendiente de la tecnología. Somos los famosos prosumidores: productores de contenidos digitales y consumidores de los mismos. Según el estudio realizados en jóvenes, publicado el 24 de noviembre en JAMA Network Open: una semana menos en redes sociales está relacionado con una mejor salud mental, los resultados fueron asombrosos: los síntomas de ansiedad disminuyeron un 16,1% Los síntomas de depresión disminuyeron un 24,8% Los síntomas de insomnio disminuyeron un 14,5%[60].

Las empresas no son ajenas a esta realidad de virtualidad constante. Las adicciones en las unidades productivas se amplían desde la ludopatía hasta la drogadicción o la ingesta de alcohol. Los gabinetes de RRHH ya tienen personal especializado en la materia e intentan, a través de campañas, poder llegar al plantel de trabajadores. Desde las escuelas, los chicos experimentan la presión que ejerce la dependencia tecnológica, que se traduce en juegos adictivos que se comparten y a veces los alumnos se endeudan para seguir jugando sin control ni monitoreo de la familia ni instituciones como la escuela o el histórico club de barrio. Ellos mismos serán trabajadores a la edad conveniente y se necesita fomentar campañas y plexos normativos especializados en este tipo de adicción, si no queremos tener en el futuro un "ejército" de seres humanos alienados, afectados emocionalmente y endeudados.

En este sentido, también es importante remarcar el rol del Estado Nacional en sus tres poderes, que mientras duerme en esta realidad cruel, encajona las leyes en contra de la ludopatía. En este sentido, habi-

[60] Ver https://jamanetwork.com/journals/jamanetworkopen/fullarticle/2841773?guestAccessKey=1b34668e-afe8-4888-aa3d-dd05b3b83eff&utm_source=for_the_media&utm_medium=referral&utm_campaign=ftm_links&utm_content=tfl&utm_term=112425 (acceso 14/12/2025).

lita a ingresar al mundo de las finanzas a menores de 13 años, aprobada por la CNV (Comisión Nacional de Valores), a operar en los fondos de inversión, entre otras herramientas financieras. El ***"dios mercado"*** se impone desde las transacciones y el comercio, sin velar por los derechos del niño ni en las consecuencias que trae el apostar sin educación financiera y en la salud psicofísica de los pre-adolescentes.

○ Cuestionario

1. ¿Cuáles son los objetivos de vida del sujeto de la historia?
2. Se puede generar herramientas motivacionales que nos permitan sociabilizar nuevamente con el entorno (Ejemplo: Terapia, círculos de confianza, deportes, objetivos, etc.)
3. ¿Qué políticas públicas se encaran desde las organizaciones para combatir este flagelo de la ludopatía entre los más jóvenes. ¿Cómo combatimos al *"Dios"* mercado?
4. ¿Cómo impacta la publicidad de figuras famosas fomentado las apuestas en las redes sociales ¿Cuál es el rol del Estado en esta problemática?

Actividad recomendada en la clase

Leer fragmentos de Víctor Frank en su búsqueda de sentido

Claves para abordar la problemática:

· Fomentar actividades sociales: Las actividades en los clubes, parroquias, ONG, movimientos sociales, salidas con amigos son clave para poder fortalecer lazos, estar en lugares saludables y con fines nobles.

· Recurrir a profesionales.

· Hablar del tema en el aula, fábrica o espacios comunitarios.

· Restringir el acceso al juego de los adolescentes que serán los futuros trabajadores.

Actividad sugerida: Investigación: ¿Por ***qué se prohibió el juego Roblox en los colegios de la Ciudad Autónoma de Buenos Aires?***

Reflexión y debate: *Sabiendo que las adicciones, entre ellas la ludopatía como una "nueva" droga gracias a la tecno-dependencia, es uno de los principales problemas sociales en el mundo del trabajo. Y haciendo un análisis comparativo de la historia de la lucha de la República Popular de China por eliminar el opio en su sociedad, investigar qué medidas se tomaron desde el Estado asiático para afrontar la problemática y copiar lo que se pueda asimilar en un listado.*

Derecho a la Salud. Declaración Universal de los Derechos Humanos (1948)

Artículo 25

1. Toda persona tiene derecho a un nivel de vida adecuado que le asegure, así como a su familia, *la salud y el bienestar*, y en especial la alimentación, el vestido, la vivienda, la asistencia médica y los servicios sociales necesarios; tiene asimismo derecho a los seguros en caso de desempleo, enfermedad, invalidez, viudez, vejez u otros casos de pérdida de sus medios de subsistencia por circunstancias independientes de su voluntad.
2. La maternidad y *la infancia tienen derecho a cuidados* y asistencia especiales. Todos los niños, nacidos de matrimonio o fuera de matrimonio, tienen derecho a igual protección social.

9. CONCLUSIONES DE LA LLEGADA DE LA REVOLUCIÓN 5.0, DESDE EL FUEGO DEL HOMO SAPIENS A LA LLEGADA DEL HOMBRE TECNO-SOCIAL.

Como reflexión final es importante remarcar como los elementos típicos de esta nueva era se van dando en cada uno de los relatos. Desde el Homo Sapiens que se las ingenió para usar la tecnología a favor suyo como la fabricación de herramientas de piedra o el desarrollo del uso del fuego hasta las innovaciones de nuestros días con humanoides o inteligencia artificial siempre se pensó en la aplicación del conocimiento para sobrevivir o mejorar la calidad de vida.

Las cinco revoluciones que nuestra humanidad ha experimentado y está atravesando han generado profundas transformaciones en los ámbitos político, social, cultural, ambiental, científico e histórico, con un denominador común: ***la ciencia aplicada***. La primera (1.0) estuvo marcada por la llegada de las máquinas de vapor (mecanización); la segunda (2.0), por la electricidad (fuentes de energía); la tercera (3.0), por la automatización; la cuarta (4.0), por la era digital, la conexión global y el internet; y la quinta (5.0), por la robotización y la economía circular.

En este marco de progreso, la revolución 5.0 introduce cambios significativos en comparación con la 4.0, como la centralidad del ser humano, la eficiencia y el empoderamiento del trabajador, la sostenibilidad y la resiliencia. En este sentido, observamos cómo estas transformaciones tecnológicas impactan en la sociedad en su conjunto y en generaciones específicas que nacieron bajo el influjo de las redes sociales y la conectividad permanente en un mundo virtual. Para citar un caso concreto, una persona puede vivir en un punto del planeta y trabajar de manera remota en otro, como hacen los nómades digitales, una situación impensable hace 50 años.

En cada historia, pudimos observar la complejidad de las cuestiones que se debaten en el título de la obra, ya que la pregunta es clara y precisa: ¿la ***sociedad digital que vamos construyendo día a día mejorará la calidad de vida o no?*** Problemáticas que son descriptas en cada capítulo, como la inmigración y la falta de derechos laborales en los tecno-trabajos ("La tormenta de Santa Rosa"), el debate intergeneracional entre lo real versus lo virtual en "Psico-ya 2030", y cómo un mundo totalmente digitalizado puede ser vulnerable a un virus que destruya todo. Por ejemplo, lo que puede pasar en una empresa con un Software malicioso, se puede extrapolar al colapso de sistemas digitales críticos públicos de salud, transporte o seguridad de datos personales del futuro.

En otro capítulo, pusimos en crisis la prolongación de la vida y la cultura de la no procreación vista en "La Sordina de Gerontópolis", poniendo en peligro, como exageración literaria, a la especie humana, o la cultura Ciberpunk de la opulencia de la tecnología de la ropa inteligente que cambia de color o temperatura, y la marginalidad manifestada en el taller textil clandestino. Sin contar la última historia ecléctica, donde se mezclan las adicciones "antiguas" como el juego con las "nuevas" tecnologías disponibles 24 horas en el celular, nos da un panorama de que la sociedad debe pensar y repensar cómo esta revolución impactará en nuestra cotidianeidad social, afectiva y laboral.

Solo para ilustrar la realidad de cómo la tecnología es fundamental para nuestra vida en un mundo globalizado actual, vale recordar la revuelta social en Nepal de la generación Z (personas nacidas entre 1997 y 2012), donde se rebelaron contra el poder instituido debido a que les sacaron el acceso a las 26 redes sociales, prohibiendo su uso, además de otros motivos. Con la llegada del hombre tecno-social, se transforma totalmente la forma en que nos manifestamos, formamos una "familia", nos relacionamos con los robots o con las cosas usando internet, privilegiamos a ciertos políticos con discursos modernos y divertidos, investigamos mediante inteligencia artificial, elegimos desde el consumo verde o nos vestimos con indumentaria funcional inteligente.

La Inteligencia Artificial (IA) se convierte en una herramienta fundamental con sus ***luces y sombras*** como describimos con Eduardo Gallardo, por un lado algunos pensadores de ciencias aplicadas dicen que sin marcos jurídicos y éticos claros puede generar la tercera guerra mundial[61] o recomendar consejos que pueden llevar a enfermedades[62] a adolescentes si lo vemos como una pseudo-terapista (aspecto negativo). Otros ven un avance significativo para mejorar el sistema de enseñanza-aprendizaje global (aspectos positivos).

En este último sentido, la IA ya se aplica en los sistemas educativos del mundo, desde alumnos muy chicos. Solo cabe señalar cómo China decidió, a partir de septiembre del año 2025, incluir en todos los niveles educativos la herramienta, a partir de los niños de 6 años. En este marco, nace la revolución didáctica, donde todos los países compiten para integrar en el ámbito escolar esta temática, que trae el know-how de la nueva era, con toda la problemática que conlleva y que ya fue explicitada en los capítulos pertinentes.

Como pregunta disparadora, cada lector puede cuestionarse en su fuero íntimo si en este futuro cercano ***seguiremos trabajando*** de la misma manera que lo conocemos hasta ahora. La cuestión es si esta nueva era la podremos aprovechar a nuestro favor, colocando al ser humano en el centro de todas las decisiones, o si será un cambio radical que genere convulsión social, protestas en las calles y temores de que las máquinas suplanten a la especie humana, como los luditas, o que las ideas "jóvenes" se extingan debido a la falta de procreación como cultura dominante. O quizás nos enfrentemos a una población tecno-adicta en colegios y fábricas, o a una contaminación expansiva que haga inviable nuestro planeta. La respuesta depende de cada uno de nosotros...

[61] https://www.cronista.com/colombia/actualidad-co/se-acerca-la-tercera-guerra-mundial-la-advertencia-final-de-musk-estamos-jugando-con-fuego-2/ (acceso 29/11/2025)

[62] Salió recientemente una nota sobre los consejos de la IA y uno recomendaba a su hija dietas extremas y trucos para vomitar incrementando los trastornos alimenticios. http://www.identidadcorrentina.com.ar/noticia/25847_un-padre-denuncia-que-chatgpt-dio-instrucciones-a-su-hija-sobre-dietas-extremas-y-cmo-vomitar---malena-nazareth-martos.htm (acceso 30/11/2025).

Nos faltó el relato 10, titulado el ***"El fin de la tecnología"*** si no nos tomamos en serio resolver las problemáticas del párrafo anterior, esta puede ser nuestra última historia. Pensar una vida sin redes sociales ni energía, sin computadoras, celulares ni internet, sin vehículos, ni inteligencia artificial… ¿Tendríamos más tiempo para conversar y conocernos? ¿Viviríamos en un universo real y no tan ficticio? ¿Qué sucedería si la humanidad se viera obligada a abandonar las muletas digitales que la sostienen? ¿Podríamos sobrevivir en un mundo sin el zumbido de las redes sociales, sin el calor de la energía, sin el brillo alucinante de las imágenes? Todas estas preguntas las dejamos para el próximo libro que vamos a disfrutar y escribir juntos…

BIBLIOGRAFÍA

Toffler, A (1980). *La tercera ola*. Barcelona: Plaza & Janes.

O` Donell, Guillermo (1996). *"Otras Institucionalidades:* Agora.

Adrian Choren (2021). *"Las relaciones laborales, una mirada al trabajo del futuro":* Autores de Argentina.

Adriana Marrero (1998). *"Introducción a la Sociología":* Fundación de Cultura Universitaria.

Papa Francisco (2015). *"Laudato SI: Carta encíclica sobre el cuidado de la casa común*": Liberia Editrice Vaticana.

Adrian Gustavo Choren?" (2024): *"La inteligencia Artificial* ¿Una *herramienta transformadora para el sistema educativo o un obstàculo?"* Profe Ediciones.

Julio Armando Grisolia y Sara Graciela Sosa (2023) "*Guia de Estudio de Derecho de las Relaciones Colectivas del Trabajo"* Editorial Estudio.

Amartya Sen, Joseph Stiglitz, Patricio Aylwin y otro, complilador Bernardo Kliksberg (2002) "*Etica y Desarrollo"* Editorial El Ateneo.

Camacho, L (1993): *"Ciencia y Tecnología en el sub-desarrollo* "Editorial Tecnológica de Costa Rica.

Rodrigo Zarazaga S.J. Lucas Ronconi (2017) "*Conurbano Infinito, actores políticos y sociales, entre la presencia estatal y la ilegalidad*: Editorial Siglo 21.

Victor Frank (1946). *El hombre en busca de un destino*. Editorial Hender.

Leutier, Ariel (2010): Esclavos: *"Los trabajadores costureros de la Ciudad de Buenos Aires"* Retorica Ediciones.

Arcos, M. A (2013) *"Talleres clandestino". El traspatio de las grandes marcas. Organización del trabajo dentro de la industria de la indumentaria* "Cuadernos de Antropología.

Adrian Gustavo Choren (2025) "*El consumo sustentable y las certificaciones, herramientas válidas para abordar el cumplimiento de los derechos humanos en toda la cadena de suministro":* Revista Universidad de Salamanca-Universidad de Palermo.

Julio Armando Gris olía/ Eleonora Peliza (2008) *"Régimen de Jornada y Descansos en América Latina":* EDUNTREF.

Made in the USA
Monee, IL
11 November 2026

68341109R00056